소프트웨어
실무 영어

본 연구는 과학기술정보통신부 및 정보통신기획평가원의
SW중심대학지원사업의 연구결과로 수행되었음(2019-0-01056)

프로그래밍 영어를
두려워 하지 않고
보다 친숙하게
접할 수 있는
안내서

소프트웨어
실무 영어

| **서동만** 지음 |

**여러가지 실전 예제로 소프트웨어 영어를
쉽고 빠르게 마스터하는 방법**

INFINITYBOOKS
인피니티북스

국립중앙도서관 출판시도서목록(CIP)

이 도서의 국립중앙도서관 출판예정도서목록(CIP)은 서지정보유통지원시스템 홈페이지(http://seoji.nl.go.kr)와 국가자료종합목록 구축시스템(http://kolis-net.nl.go.kr)에서 이용하실 수 있습니다.

(CIP제어번호: CIP2019051801)

머리말

컴퓨터 관련 분야를 공부하다 보면 누구나 한 번쯤은 영어에 대한 고민을 하는 것 같다. 프로그래밍을 하는 대부분의 언어는 영어를 중심으로 만들어져 있으며, 그와 관련된 수많은 문서들 역시 영어로 작성되어 있다. 언제나 최신 기술의 문서들은 영어로 작성되어 있으며, API 문서 역시 마찬가지이다.

많은 소프트웨어 전공 학생들이 컴파일러가 보여주는 에러 메시지조차 두려워하며 읽으려 하지 않는 모습을 보면서, 어떻게 하면 영어에 대한 두려움을 줄이고 받아들이게 할 수 있을지 고민해 보았다. 필자도 학부 4년, 석사 2년의 과정에서 수없이 영어로 인해 좌절하며 어려움을 겪었다. 누군가 "피할 수 없다면 즐겨라"라고 했듯이 필자는 무작정 호주로 워킹 홀리데이를 떠나 영어와 친해지고자 했고, 이제는 어느정도 친해졌다고 생각한다. 그리고 학생들이 영어를 두려워 하지 않고 보다 친숙하게 접할 수 있는 교재를 만들어 보겠다는 이 책을 집필하게 되었다.

비록 이 책을 읽음으로써 영어를 극복할 수는 없겠지만, 조금은 영어와 친해지고 적어도 두려워하지 않았으면 한다.

필자는 영어를 전공하지도, 영어를 잘하지도 못한다. 그저 1년간의 호주 생활 경험과 6개월의 미국 경험, 몇 차례의 국제 학회 발표 경험이 전부이다. 너무나 당연하게도 이 책은 영어를 완벽하게 이해하거나, 해석하는 방법을 알려주지 않는다. 필자도 할 수 없으니까. 이 책은 쉽게 찾아 볼 수 있는 영어로 작성된 글을 해석해 보는 방식으로 작성되었다. 그리고 그 해석이 우수하지도, 미려하지도, 깔끔하지도 않다. 우리는 영어를 아름답게 잘 할 필요까지는 없다. 그 영역은 영어 전공자들의 몫이다. 우리는 영어로 작성된 글을 보고 그 글의 핵심과 문맥을 이해하고 우리가 만들고자 하는 것을 만들기만 하면 될 뿐이다.

2019년 12월

서동만

차례

CHAPTER

1

Preparation to become a programmer

Sentence of this week

"First, solve the problem. then, write the code"

_John Johnson

이 주의 명언

"먼저 문제를 해결하십시오. 그런 다음 코드를 작성하십시오."

_존 존슨

1.1 What is a Computer Programmer

1.1.1 What is a Computer Programmer?

Computer programmers are technical specialists who write a logical sequence of instructions or 'code' that can control a computer. They may work with software developers and engineers to turn ideas for programs into code, using computer languages such as C++ and Java. The write and troubleshoot new programs and applications for errors, fix mistakes in the code, and update and maintain existing programs of software. They may also create and use code libraries to make programming easier. As a computer programmer, you would have a strong knowledge of areas such as computers, electronics and mathematics.

Degree Required	Bachelor's degree
Education Field of Study	Computer programming, computer science, computer information systems
Key Skills	Concentration, attention to detail, analytical, problem-solving
Certification	Certification is voluntary
Projected Job Outlook (2016-2026)	7% decline
Average Annual Salary (2018)	$89,580

컴퓨터 프로그래머는 명령어들로 논리적인 문장 또는 컴퓨터를 제어 할 수 있는 '코드'를 작성하는 기술 전문가이다. 이들은 C++나 자바와 같은 프로그래밍 언어를 이용하여 아이디어를 프로그램 코드에 반영하기 위해 소프트웨어 개발자 및 엔지니어들과 함께 일한다. 기존의 프로그램이나 소프트웨어를 유지보수 또는 업데이트 하고, 코드 내 실수를 수정하며, 새로운 프로그램 또는 소프트웨어를 작성하거나 에러를 수정한다. 또한 프로그래밍을 쉽게 하기 위해 라이브러리를 만들거나 사용하고, 컴퓨터와 전자공학, 수학 등에 대한 지식을 갖추어야 한다.

요구 학위	학사 학위
교육 분야	컴퓨터 프로그래밍, 컴퓨터 과학(공학), 컴퓨터 정보 시스템
핵심 능력	집중력, 세심한 주의력, 분석적 능력, 문제 해결 능력
자격증	자율
직업전망 (2016-2026)	7% 감소
평균 연봉 (2018)	89,580달러 (약 1억원)

technical specialists	기술자, 기술 전문가, 전문가
code	텍스트 형태로 작성하는 프로그램, 소스코드라고도 함
troubleshoot	문제 해결, 소프트웨어 혹은 프로그램에 발생 가능한 오류나 문제를 해결하는 과정
library	개발 라이브러리, 개발에 도움이 되기 위한 함수나 프로그램을 모아 놓은 것

1.2 How to Become a Computer Programmer in 5 Steps

Computer programmers are divided into two types, application programmers and system programmers: whereas application programmers write programs that perform a specific category of tasks, system programmers write programs that maintain and control computer networks, databases or operating systems. Both of these career paths have similar training paths. Below are the steps to becoming a computer programmer.

컴퓨터 프로그래머는 애플리케이션 프로그래머와 시스템 프로그래머와 같이 2가지 형태로 나뉜다. 애플리케이션 프로그래머는 특정 작업을 수행하는 프로그램을 작성하고, 시스템 프로그래머는 컴퓨터 네트워크, 데이터베이스, 또는 운영체제를 제어하고 관리하는 프로그램을 작성한다. 두 경우의 커리어 패스는 유사한 훈련 과정을 거친다. 다음은 컴퓨터 프로그래머가 되는 과정의 단계를 보인다.

application	응용 프로그램, 애플리케이션, 앱 등으로 불리우는 우리가 일반적으로 사용하는 프로그램
database	대용량의 데이터를 모아 관리하는 것, 데이터베이스 프로그램을 DBMS(데이터베이스 관리 시스템)이라고 함
operating system	운영체제라는 뜻으로 MS의 윈도우, 구글의 안드로이드, 애플의 iOS, 오픈소스인 리눅스 등 다양하게 존재함
career path	커리어 패스, 사람이 특정 직업을 위하여 걸어온 길

1.2.1 Get a high school eduaction

You can prepare to become a computer programmer by taking whatever programming or computer science courses are available at your high school. You could also benefit from taking courses in algebra, trigonometry, geometry, chemistry and physics. Such classes as English and social studies would get you ready for the general education requirements in college.

▶ 고등학교에서 제공하는 프로그래밍 또는 컴퓨터 과학 관련 교육 과정을 수강하여 컴퓨터 프로그래머가 될 준비를 할 수 있다. 대수학, 삼각법, 기하학, 화학 및 물리학 수업을 들으면 유익하다. 영어와 사회 관련 공부는 대학에서 공부하기 위한 일반적인 교육이 가능하도록 한다.

algebra	대수학
trigonometry	삼각법
geometry	기하학
chemistry	화학
physics	물리학

1.2.2 Get a college education

Most computer programmers have a bachelor's degree. A bachelor's degree program in computer science will teach you about using different programming languages through the creation of algorithms. Java, C++ and Visual Basic may be among the languages you learn to use. Courses might also cover database management, computer networks and operating systems.

▶ 대부분의 컴퓨터 프로그래머는 학사 학위를 가지고 있다. 컴퓨터 공학(과학) 관련 4년제 교육과정은 알고리즘 작성을 통해 각기 다른 프로그래밍 언어의 사용 방법을 교육한다. 자바와 C++, 비주얼 베이직 등이 그러한 언어가 될 것이다. 교육 과정은 데이터베이스 관리와 컴퓨터 네트워크, 운영체제를 다룬다.

bachelor's degree	4년제 대학의 학사 학위

1.2.3 Choose a Specialization

You may consider specializing in a particular area of programming, such as database development or Web development. The first involves writing programs that store, retrieve and manipulate data for databases. The second entails building applications that run over the Internet or an organization's Intranet. According to the BLS, new applications for mobile devices and the healthcare industry and an increase in computer systems being built into non-computer products may cause some job growth for computer programmers.

▶ 데이터베이스 개발 또는 웹 개발과 같은 특정 프로그래밍 영역을 전문 분야로 고려할 수 있다. 첫 번째는 데이터베이스에서 데이터를 저장, 검색 및 조작하는 프로그램 작성을 포함한다. 두 번째는 인터넷 또는 조직 내 인트라넷에서 동작하는 응용 프로그램을 구축하는 것을 필요로 한다. 미국 노동 통계청에 따르면, 모바일 환경과 헬스케어 산업을 위한 새로운 애플리케이션과 비 컴퓨터 상품 분야의 컴퓨터 시스템을 통한 생산성 향상 등도 컴퓨터 프로그래머의 일자리를 늘릴것이다.

web	WWW(World Wide Web)을 간단하게 줄여서 부르는 말로, 우리가 흔히 인터넷이라고 이야기 하는 것
retrieve	전송하다 혹은 검색하다 라는 뜻으로 대부분 데이터와 함께 사용됨.
manipulate	데이터와 함께 자주 사용되는 단어로 조작하다 라는 뜻 (위조를 의미하는 조작이 아니고 제어하다에 가까운 조작하다의 뜻임)
Internet	인터넷, 사이를 뜻하는 inter와 네트워크를 뜻하는 net의 합성어로 네트워크 사이의 네트워크, 즉 네트워크의 네트워크란 뜻으로 사용함
Intranet	인트라넷, 내부를 뜻하는 Intra와 네트워크를 뜻하는 net의 합성어로 내부망이라는 말로도 사용됨. 특정 집단(학교, 회사, 그룹 등) 내부에서만 사용하는 네트워크 혹은 서비스
BLS	미국의 노동 통계청에 해당하는 기관, Bureau of Labor Statistics의 약자
industry	산업, 다른 단어와 함께 사용되는 경우 ~~산업계 라는 의미로 사용함

1.2.4 Participate in an internship

Further your computer programmer training with industry experience - this can help you acquire entry-level jobs in the profession. Some companies, like consulting firms, will put you through intensive training programs upon hiring. Previous experience can also prepare you for voluntary certifications.

▶ 업계 경험을 바탕으로 한 더 나은 컴퓨터 프로그래머 훈련 - 인턴 과정은 해당 직업군의 초급 단계의 일들을 습득할 수 있도록 도와줄 것이다. 컨설팅 회사와 같은 몇몇 회사는 채용 시 집중 훈련 프로그램을 제공한다. 이전 경험을 통해 스스로 자격증 등을 준비할 수 있다.

entry-level	초급 레벨, 어떤 분야에 처음 진입하는 사람의 레벨
profession	직종, 직업 분야, 지적인 직업을 뜻하기도 함
voluntary	자발적인, 자원봉사의
certifications	자격증, 보통 증명, 증명서의 의미이나 이 문장에서는 자격증의 의미임

1.2.5 Consider Adding Certification to your computer programmer qualifications

You don't need to be licensed to work as a computer programmer, but you'll have many options to choose from for voluntary certification. For example, the Institute for Certification of Computer Professionals confers the Certified Computing Professional and the Associate Computing Professional designations. Microsoft also offers a variety of certifications, such as Microsoft Certified Application Developer, Microsoft Certified Solution Developer, and Microsoft SQL server certifications.

컴퓨터 프로그래머가 되기 위해 자격증은 필요하지 않지만, 고려해볼 만한 몇 가지 자격증이 있다. 예를 들어, Institute for Certification of Computer Professionals는 Certified Computing Professional과 Associate Computing Professional라는 이름의 자격증을 수여한다. 마이크로소프트 또한 Microsoft Certified Application Developer와 Microsoft Certified Solution Developer, Microsoft SQL server certifications과 같은 자격증을 제공한다.

license	면허, 허가, 자격증, 동사의 경우 인가하다 또는 면허를 주다.
confer	수여하다, 협의하다, 상담하다
institute	연구소, 연구원, 대학교, 연구기관, 협회

1.3 How to Become a Computer Programmer

1.3.1 Associate Degrees

INTRODUCTION TO COMPUTING

This course provides an overview of various computer systems, from hardware and software applications to operating systems; it is designed for students with minimal subject knowledge, so more advanced students can sometimes test out.

SKILL & KNOWLEDGE GAINED

- Understand the history of computing
- Use software for word processing, spreadsheets, databases and presentations
- Be able to use computers in business and educational settings

1.3.1 준학사 학위

컴퓨팅 개론

하드웨어와 소프트웨어 애플리케이션에서 부터 운영체제에 이르는 다양한 컴퓨터 시스템의 개요를 제공한다. 최소한의 관련 지식을 가진 학생들을 대상으로 설계되었기에 이미 지식을 갖춘 학생은 시험으로 대체하기도 한다.

획득 능력과 지식

- 컴퓨팅의 역사에 대한 이해
- 워드 프로세스, 스프레드시트, 데이터베이스, 프레젠테이션 등의 소프트웨어 사용
- 기업용 및 교육용 환경에서의 컴퓨터 사용 가능

associate degrees	준학사 학위 (전문학사 학위)
design	설계하다, 디자인, 설계, 계획

PROGRAMMING FUNDAMENTALS

This course introduces students to the logic of programming, laying the groundwork for students to learn specific programming languages in-depth in future classes.

SKILL & KNOWLEDGE GAINED

- Use commmands to manage operating system files
- Design and implement basic algorithms using a programming language

프로그래밍 기초

향후에 깊이 있는 특정 프로그래밍 언어를 학습하기 위해 기초를 쌓는 프로그래밍 논리를 소개한다.

획득 능력과 지식

- 운영체제 파일을 관리하기 위한 명령어의 사용
- 프로그래밍 언어를 이용한 기초 알고리즘의 설계와 구현

logic	논리, 생각
groundwork	기초, 토대, 기본 원리

JAVA PROGRAMMING/DATA STRUCTURES

This course introduces object-oriented programming techniques as a method of structuring software. It alse introduces students to Java, a versatile and widely used programming language.

SKILL & KNOWLEDGE GAINED

- Build JAVA programs
- Test and debug JAVA programs to ensure they function as intended

자바 프로그래밍/데이터 구조

소프트웨어 구조의 한 종류인 객체지향 프로그래밍 기술을 소개한다. 또한, 다목적이고 널리 사용되는 프로그래밍 언어인 자바를 소개한다.

획득 능력과 지식

- 자바 프로그램 만들기
- 의도한대로 작동하는지 자바 프로그램을 테스트와 디버깅

JAVA	썬 마이크로시스템즈에서 1995년에 개발한 객체지향 프로그래밍 언어로 제임스 고슬링이 개발, 2010년에 오라클에 인수되어 2019년 1월부터 유료화 되었음.
versatile	다재 다능한, 다양한, 다목적, 다용도의, 다기능

COMPUTER PROGRAMMING – C++

This course covers C++ programming language concepts, including control structures, arrays and strings.

SKILL & KNOWLEDGE GAINED

- Design and code basic programs using C++
- Test and debug programs to ensure proper functionality

컴퓨터 프로그래밍 – C++

C++언어의 개념과 제어 구조, 배열, 문자열을 학습한다.

획득 능력과 지식

- C++을 이용한 기초 프로그램의 설계와 코딩
- 적절한 기능을 보장하기 위해 프로그램을 테스트와 디버깅

ensure	보장하다, ~하기 위한
functionality	기능성, 소프트웨어의 기능

1.3.2 Bachelor's Degrees

ALGORITHMS

Students in this course learn how to design and analyze algorithms for correctness and efficiency.

SKILL & KNOWLEDGE GAINED

- Create algorithms that sort lists and search databases for specific criteria
- Use algorithms to break down problems and find optimal objects
- Create graphs using algorithms
- Structure data efficiently

1.3.2 학사 학위

알고리즘

정확하고 효과적인 알고리즘은 어떻게 설계하고 분석하는지 학습한다.

획득 능력과 지식

- 특정 영역의 데이터베이스 검색과 정렬에 대한 알고리즘 생성
- 문제 해결과 최적의 값을 찾기 위한 알고리즘의 사용
- 알고리즘을 사용한 그래프 생성
- 효과적인 데이터 구조화

correctness	정확, 단정, 정확함
criteria	평가 기준, 기준, 자격, 평가, 조건

DISCRETE MATHEMATICS

This course introduces basic techniques to solve problems with a countable set of possibilities. It covers set theory, difference equations, counting techniques, graphs and algebra.

SKILL & KNOWLEDGE GAINED

- Use math and inductive reasoning to solve problems
- Determine the size of complex objects through advanced counting techniques
- Create and communicate math proofs
- Apply algorithms to problems

▶ 이산 수학

확률값에 대한 유한한 집합을 이용한 문제 해결에 대한 기초 기술을 학습한다. 집합이론, 차분방정식, 계산법, 그래프, 대수학 등을 포함한다.

획득 능력과 지식

- 문제 해결을 위한 귀납법과 수학 사용
- 고도의 계산법을 통한 복잡한 물체의 크기 계산
- 수학 증명 생성 및 전달
- 문제에 알고리즘 적용

Discrete mathematics	이산 수학
algebra	대수학, 대수

COMPUTER ARCHITECTURE

This course covers how computer hardware and software programs work together, starting with the basic logic of how systems and components interact, and proceeding to high-level programming language.

SKILL & KNOWLEDGE GAINED

- Use digital representation and digital logic
- Understand how computers are internally structured and organized
- Use machine, assembly and programming language in tandem

컴퓨터 구조

시스템과 구성 요소가 어떻게 상호작용하는지에 대한 기본 논리에서부터 고급 프로그래밍 언어의 실행 등 컴퓨터 하드웨어와 소프트웨어가 어떻게 협력하는지 학습한다.

획득 능력과 지식

- 디지털 논리와 디지털 표현 방식의 사용
- 컴퓨터의 내부적 구조와 구성에 대한 이해
- 컴퓨터와 어셈블리어, 프로그래밍 언어의 동시 사용

proceeding	진행, 절차
component	부품, 부분, 구성 요소, 컴포넌트
interact	상호작용하다, 작용하다, 교류하다, 반응하다, 소통
tandem	동시에, 따라, 같이, 함께

COMPUTER NETWORKS

This course introduces students to Internet-based communications and delves into solving problems related to network size, security and access.

SKILL & KNOWLEDGE GAINED

- Design network protocols
- Scale up and secure communication networks

컴퓨터 네트워크

인터넷 기반의 통신 방법을 소개하고 네트워크의 사이즈, 보안, 접근과 관련된 문제 해결을 탐구한다.

획득 능력과 지식

- 네트워크 프로토콜 설계
- 통신 네트워크 확장 및 보안

protocol	프로토콜, 통신 규약(네트워크의 접속 순서), 원안, 조약,

1.4 10 Things every software developer should know

1.4.1 Data Structures and Algorithms

If you want to become a programmer then you ought to know data structure and algorithms well; there's no way around it. This is one of the important topics of any programming job interview and without you knowing basic data structures(e.g. array, liked list, map, set) it's not possible to write a real-world application. That's why every programmer should put serious effort to learn data structures and algorithm during their computer science course.

프로그래머가 되려면 데이터 구조와 알고리즘을 잘 알아야한다. 다른 방법은 없다. 이것은 프로그래머 채용 면접에서 가장 중요한 주제 중 하나이며, 기본 데이터 구조(예: array , linked list , map , set)를 모르면 실제 응용 프로그램을 작성할 수 없다. 그러므로 모든 프로그래머는 컴퓨터 (공)학과 교육과정에서 데이터 구조와 알고리즘을 배우기 위해 진지한 노력을 기울여야한다.

data structure	자료구조, 데이터 구조
job interview	채용 면접
array	배열
linked list	연결 리스트
set	집합

1.4.2 Source Control(Git)

Source control is very useful to store your code and cooperate with programmer within team. for example, if many programmer are working in same codebase but on different feature then source control tools Git helps them to cooperate without overriding each other changes. By the way, you should put some effort into learning Git on command line as well, and you should be comfortable with advanced version control concepts like branching and merging as well as the tool itself using.

소스 제어는 당신의 코드를 저장하고 팀 내의 프로그래머와 협력하는데 매우 유용하다. 예를 들어 많은 프로그래머가 동일한 코드베이스에서 작업하지만 다른 기능에서 작업하는 경우, 소스 제어 툴 Git은 서로 다른 변경 사항을 무시하지 않고 협력할 수 있도록 돕는다. 그나저나, 명령줄에서도 Git를 배우는데 어느 정도 노력을 기울여야 하며, 툴 그 자체뿐만 아니라 분기나 병합 같은 고급 버전 제어 개념에 익숙해져야 한다.

cooperate	협력하다, 협동하다
codebase	코드베이스, 특정 소프트웨어를 빌드하기 위해 필요한 소스코드의 집합

1.4.3 Text Editors

There is not a single day when I have not used a text editor like Vim while working as a programmer or Software developer. It's one of the most essential tolls even for non-programmers like DBAs and System Admins, and anyone who works with computers.

프로그래머나 소프트웨어 개발자로 일하면서 Vim과 같은 텍스트 편집기를 사용하지 않을 수는 없다. DBA 및 시스템 관리자와 같은 비 프로그래머 및 컴퓨터를 사용하는 모든 사람에게도 편집기는 가장 중요한 도구 중 하나이다.

Vim	리눅스 터미널에서 널리 사용되는 텍스트 편집기의 일종
DBA	Database Administor, 데이터베이스 관리자
Admin	Administrator, 관리자

1.4.4 IDEs

When I started software development, I need to code in Notepad or DOS Editor and then save the file, run the compiler from command line, create package by running ANT script. Activities like Debugging and Profiling was as distant dream but advent of IDEs like IntelliJ IDEA and Visual Studio has complete changed how modern programmer developers software.

▶ 소프트웨어 개발을 시작할 때 메모장이나 DOS 편집기에서 코딩한 다음 파일을 저장하고 명령줄에서 컴파일러를 실행하고 ANT 스크립트를 실행하여 create 패키지를 작성해야 한다. 디버깅 및 프로파일링과 같은 활동은 먼 꿈 이었지만 IntelliJ IDEA 및 Visual Studio와 같은 IDE의 출현으로 현대 프로그래머 개발자의 소프트웨어 스타일이 완전히 바뀌었다.

DOS	도스, Disk Operating System, IBM PC 호환 기종에서 널리 쓰이던 텍스트 기반의 디스크 운영체제의 일종, 윈도우 95가 출시되기 이전까지 주류 운영체제였음.
compiler	컴파일러, 어떤 언어의 코드를 다른 언어(주로 기계어)로 바꾸어 주는 프로그램
command	명령어

1.4.5 Database and SQL

SQL is a classic and probably the most valuable skill for any software developer. It's been around for more than 30 years and I think it will be around for another 30 years. Given the omnipresence of the database, it's expected from a programmer that he is familiar with essential database concepts like normalization and table design along with SQL.

▶ SQL은 고전적이고 모든 소프트웨어 개발자에게 가장 귀중한 기술입니다. 30년 이상 지속되어 왔으며 앞으로 30년 정도 더 지속될 것이다. 데이터베이스의 전제 조건을 감안할 때 프로그래머는 SQL과 함께 정규화 및 테이블 디자인과 같은 필수 데이터베이스 개념에 익숙해질 것이다.

SQL	에스큐엘, Structured Query Language의 약자로 관계형 데이터베이스 관리 시스템(RDBMS)의 데이터를 관리하기 위해 설계된 특수한 목적의 프로그래밍 언어
omnipresence	어디에나 존재하는, 동시에 어디에나 있는 것, 편재

1.4.6 UNIX or Linux

Like SQL, UNIX also has withstood the test of time. It's also been around for more than 30 years and I hope it will be there for many more coming years. Since most programmers have to work in Linux machines at some point, good knowledge of Linux command line goes a long way. It allows you to work effectively. You can search files, know what's going on with the system by checking its CPU and memory usage, and perform basic and advance task.

▶ SQL과 마찬가지로 UNIX도 테스트를 견뎌냈다. 또한 30년 이상 지속되어 왔으며 앞으로도 지속될 것이다. 대부분의 프로그래머는 리눅스 환경에서 일을 해야만 하기 때문에 리눅스 커맨드라인에 대한 주요 지식은 프로그래머로서 오래 살아 남을 수 있게 해준다. 또한 효과적으로 작업할 수 있게 해준다. CPU 및 메모리 사용량을 확인하여 파일을 검색하고 시스템에서 진행중인 작업을 파악하고 기본 및 고급 작업을 수행 할 수 있다.

UNIX	유닉스, 현대 운영체제의 원형이 된 운영체제로 리눅스, 안드로이드, 맥OS, iOS 등의 많은 운영체제의 뿌리, 다중 사용자용 서버 운영체제였으나 현재 개인용 또는 임베디드용으로도 사용됨
LINUX	리눅스, 리눅스 커널을 사용하는 운영체제, 오픈 소스 소프트웨어로 소스코드가 공개되어 있음, 리눅스 재단에 의하면 현재 클라우드 컴퓨팅의 90%, 세계 스마트폰의 82%, 임베디드의 62%, 슈퍼 컴퓨터의 99%가 리눅스로 동작함(2017년 기준).
withstood	잘 견디다, 저항하다, 이겨내다, 지탱하다
CPU	씨피유, 컴퓨터의 기본 구성 요소 중 하나로 Central Processing Unit(중앙 처리 장치)의 줄임말, 흔히 프로세서라고도 함.

1.4.7 Programming languages

Ofcourse, f you want to become a programmer than you must know a programming language: C++ or Java, or maybe python. You can choose whatever you want to but my suggestion is that you should at least know Java. It's very easy to start with and that's why a good choice for beginners.

▶ 당연하게도, 프로그래머가 되고 싶다면 C++, Java 또는 Python과 같은 프로그래밍 언어를 알아야 한다. 원하는 것은 무엇이든 선택할 수 있지만, 최소한 자바는 알아야 한다. 아주 쉽게 시작할 수 있기 때문에 초보자들에게는 좋은 선택이 될 수 있다.

C++	기존 C 언어와의 호환성을 유지하는 객체지향 프로그래밍 언어
python	인터프리터 방식의 프로그래밍 언어로 문법이 매우 쉬워서 초보자들이 처음 프로그래밍을 배울 때 추천되는 언어. 별명은 '실행할 수 있는 의사(pseudo)코드'임. 최근 딥러닝용 프로그래밍 언어로 주로 사용됨.

1.4.8 Networking Basics

Most of the applications you will write like Web applications or Mobile apps will also not be standalone but client-server kind of application where the request will go through the network to a server. Clients will access your application from anywhere in the world.

The bottom line is that you must understand the networking basics to understand, develop, and support your application.

▶ 웹 응용 프로그램이나 모바일 응용 프로그램과 같은 대부분의 응용 프로그램은 독립 실행형이 아니라 요청이 네트워크를 통해 서버로 이동하는 클라이언트-서버 응용 프로그램이다. 클라이언트는 전 세계 어디서나 애플리케이션에 액세스 할 수 있다.

결론은 응용 프로그램을 이해하고 개발 및 지원하기 위해서는 네트워킹 기본 사항을 이해해야 한다는 것이다.

application	애플리케이션, 응용 소프트웨어, 응용 프로그램
standalone	독립하여 조작이 가능한, 독자적인, 독립형의

1.5 Reading Recommendations

- 10 Ways to Prepare Yourself for Computer Science at a University
  링크: https://simpleprogrammer.com/prepare-computer-science-university/
- How to become a computer programmer.
  링크: https://www.wgu.edu/blog/how-become-computer-programmer1712.html
- HOW TO BECOME A COMPUTER PROGRAMMER
  링크: https://www.learnhowtobecome.org/computer-programmer/
- How to Become a Computer Programmer in 5 Steps
  링크: https://learn.org/articles/Computer_Programming_5_Steps_to_Becoming_a_Computer_Programmer.html
- 10 Things Every Software Developer Should Know
  링크: https://dev.to/javinpaul/10-things-every-software-developer-should-know-39pe

CHAPTER

2

Understanding IT Terms & idioms

Sentence of this week

"Everything that can be invented has been invented."

_Charles H. Duell, 1899

이 주의 명언

"발명할 수 있을 만한 모든 것은 이미 발명이 되었습니다."

_찰스 홀랜드 듀엘, 1899

2.1 The keyword in a computer word (A)

2.1.1 AI

AI is short for artificial intelligence, a term coined by John McCarthy in 1955 at Dartmouth College. It is related to the work of Alan Turing, who in 1950 developed the Turing test, which evaluates a machine's ability to exhibit behavior equivalent to, or indistinguishable from, a human. The scientific study of AI aims to develop computer hardware and software which emulates processes of the human brain, including the processing of photographic images and human languages.

▶ AI는 인공지능의 약자로 1955년 다무스대학에서 존 맥케이시가 만들었다. 이 단어는 앨런 튜링이 1950년에 개발한 인간과 동일하거나 구별할 수 없는 행동을 하는 기계(컴퓨터)의 능력을 평가하는 튜링 테스트와 관련이 있다. AI의 과학적 연구는 영상처리와 자연어 처리를 위해 인간의 두뇌 과정을 모방하는 컴퓨터 하드웨어와 소프트웨어를 개발하는 것을 목표로 하고 있다.

Alan Turing	앨런 튜링, 영화 '이미테이션 게임'의 실제 주인공으로 소프트웨어 분야와 암호학 분야의 위인, 컴퓨터 분야의 노벨상을 튜링상이라고 함.
emulate	에뮬레이트
indistinguishable	구분할 수 없는, 분간할 수 없는
scientific	과학적

2.1.2 Analog

Analog or analogue is an electronic communication sent as signals of varying frequency instead of ON or OFF like a digital data transmission. Analog allows equipment to handle information that continuously changes such as voltage, current, and wave.

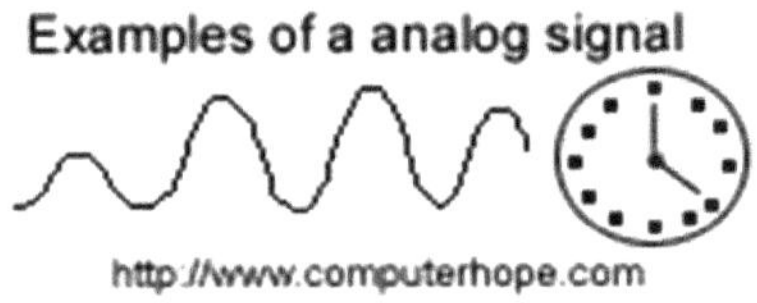

The picture to the up is an example of an analog signal or how analog may be represented. In the example of a wave, it has a high and low value with numerous values in-between. With a digital wave, it would have a high or low value (on or off), with nothing in-between.

아날로그는 디지털 데이터 전송의 온 또는 오프를 대신하여 신호의 가변 주파수 신호로 전송되는 전자 통신이다. 아날로그는 장비가 전압, 전류 및 웨이브와 같이 지속적으로 변하는 정보를 처리할 수 있도록 한다.

오른쪽 그림은 아날로그 신호의 예로 아날로그가 어떻게 표현되는가를 보여준다. 웨이브의 예처럼 하이 값과 로우 값 사이에 수많은 값들을 가진다. 디지털 웨이브를 사용하면, 하이 값과 로우 값을 온 또는 오프로 처리하고 중간값은 사라진다.

analog	신호와 자료를 연속적인 물리량으로 나타낸 것으로 디지털과 대비되어 사용
transmission	전송, 전달, 보냄, 전파
continuously	계속하여, 끊임없이, 지속적으로

2.1.3 Android

Initially founded by Andy Rubin in October 2003 and later acquired by Google on August 17, 2005. Android is a free Linux based platform and is an open software stack with an operating system, middleware, and applications. It was originally developed by Google and released on November 5, 2007, for mobile platforms.

The T-Mobile's G1 phone (HTC Dream) is the first phone to be released to the public with Google Android on September 23, 2008. Android is a strong rival to the Apple iOS, a closed operating system and platform used on the Apple iPhone.

▶ 2003년 10월에 앤디 루빈이 처음 설립한 이후, 2005년 8월 17일에 구글에 인수되었다. 안드로이드는 무료 리눅스 기반의 플랫폼으로 운영체제와 미들웨어, 애플리케이션이 포함된 오픈 소프트웨어 스택이다. 2007년 11월 5일에 구글이 최초 개발하여 모바일 플랫폼으로 출시하였다.

티-모빌의 G1 폰(HTC Dream)이 구글 안드로이드가 탑재된 최초의 폰으로 2008년 9월 23일에 공개되었다. 안드로이드는 폐쇄형 운영체제 및 플랫폼인 애플의 iOS와 강력한 라이벌 관계이다.

middleware	미들웨어, 응용 소프트웨어가 운영체제로부터 제공받는 서비스 외에 추가적으로 이용할 수 있는 서비스를 제공하는 소프트웨어
T-Mobile	유럽과 북미에서 이동통신 서비스를 제공하는 독일의 무선 서비스 제공회사로 도이치 텔레콤의 자회사
HTC	홍달 국제 전자 주식회사, 중화민국(대만)의 휴대전화 제조 및 판매 회사

2.1.4 Archive

An archive is a site or location that has a vast amount of information about a topic that can be downloaded or browsed. Archives can be used to research and learn more about the topic being discussed. For example, Computer Hope can be considered an archive of computer information. Archive is another term used to describe a file that contains multiple files that are usually compressed files. The Internet Archive is a non-profit that was founded in 1996 that's been backing up web pages since it was founded and now also stores old texts, audio, moving images, and software.

▶ 아카이브는 다운로드하거나 찾아 볼 수 있는 방대한 양의 정보를 보관하고 있는 장소 또는 사이트이다. 아카이브를 이용하면 논의 중인 주제에 대하여 보다 많이 연구하고 배울 수 있다. 예를 들어, 컴퓨터 호프는 컴퓨터 정보에 대한 아카이브로 볼 수 있다. 아카이브는 주로 압축되어 있는 여러 파일을 포함하는 파일을 설명하는 데에도 사용되는 용어이다. 인터넷 아카이브는 1996년 설립된 비영리단체로 웹 페이지가 설립된 이래 웹 페이지를 백업하고 있으며, 오래된 텍스트와 오디오, 동영상, 소프트웨어를 저장한다.

non-profit	비영리, 비영리적인
compressed	압축된, 간결한

2.1.5 Architecture

When referring to computers, architecture or computer architecture is their overall design and layout. Architecture includes where connections and parts of the computer are to be placed, how each of components operate with each other, dimensions, etc. CPU architecture is very similar, except it deals with how the many components of a processor are arranged and work together, as well as how far apart the transistors are.

▶ 우리가 컴퓨터에 대해 이야기할 때, 아키텍처 또는 컴퓨터 아키텍처는 컴퓨터의 전반적인 설계와 레이아웃을 의미한다. 아키텍처는 컴퓨터 각 부품의 위치와 연결 구조와 각 구성 요소의 작동 방식, 크기 등을 포함한다. CPU 아키텍처는 트랜지스터가 얼마나 떨어져 있는지 등과 같이 프로세서의 여러 구성 요소가 배치되고 연동되는 방식을 다룬다는 점을 제외하고 매우 유사하다고 할 수 있다.

layout	배치, 설계, 펼치기, 깔기, 구획
dimension	차원, 부피, 크기, 면, 치수, 규모
transistor	트랜지스터, Transfer + Resistor = Transistor로 전기 스위치와 증폭작용을 하는 반도체 소자

2.2 The keyword in a computer word (B)

2.2.1 Back-end

In general, a back-end task or operation is one that is performed in the background, without a user's awareness or direct interaction. In programming and development, the back-end is a term that describes a person who designs and develops programs and scripts that process data and perform tasks the user doesn't see. For example, a website's back-end developer is responsible for how the server sends information to visitors. In contrast, a front-end developer is responsible for how that information is presented, and how users may interact with it.

▶ 일반적으로, 백엔드 작업 또는 운영은 사용자의 인식 또는 직접적인 인터렉션 없이 백그라운드에서 수행되는 작업을 말한다. 프로그래밍 및 개발에서 백엔드는 데이터를 처리하고 사용자가 보지 못하는 작업을 수행하는 프로그램 또는 스크립트를 설계 및 개발하는 사람을 설명하는 용어이다. 예를 들어, 웹 사이트의 백엔드 개발자는 어떻게 서버가 방문자에게 정보를 보내는지에 대하여 책임을 진다. 반면, 프론트엔드 개발자는 정보가 사용자에게 어떻게 보여지고 인터렉션 하는지에 대해 책임을 진다.

awareness	인지, 인식, 지각
interaction	인터렉션, 상호작용, 소통, 교류, 관계
script	스크립트, 대본, 각본, 원고라는 뜻이지만 소프트웨어에서는 프로그램 언어의 한 종류로 기존에 존재하는 소프트웨어를 제어하기 위한 용도로 사용하는 언어

2.2.2 Backdoor

Alternatively referred to as a manhole or trapdoor, a backdoor is a term used to describe a hidden method of bypassing security to gain access to a restricted part of a computer system. For example, a programmer may insert a piece of code that would allow them access to a computer or secure area using a password that only they know.

▶ "맨홀" 또는 "트랩도어"라고도 하는 백도어는 컴퓨터 시스템의 접근이 제한된 부분에 접근하기 위해 보안을 우회하는 숨겨진 방법을 설명하는데 사용되는 용어이다. 예를 들어, 프로그래머는 자신만이 아는 암호를 사용하여 컴퓨터나 보안 영역에 액세스할 수 있는 코드를 삽입할 수 있다.

alternatively	대신에, 그 대신
describe	묘사하다, 기술하다, 표현하다, 설명하다
bypass	우회하다
restricted	제한된, 한정된

2.2.3 Bluetooth

Bluetooth is a computing and telecommunications industry specification that describes how devices can communicate with each other. Devices that use Bluetooth include computers, a computer keyboard and mouse, personal digital assistants, and smartphones.

Bluetooth is an RF technology that operates at 2.4 GHz, has an effective range of 32-feet (10 meters) (this range can change depending on the power class), and has a transfer rate of 1 Mbps and throughput of 721 Kbps.

▶ 블루투스는 장치들간 상호 통신 방법에 대한 컴퓨팅과 통신 산업 명세이다. 블루투스를 사용하는 장치에는 컴퓨터와 키보드와 마우스, 개인용 전자장치, 스마트폰 등이 있다.

블루투스는 2.4GHz 대역을 사용하는 RF(Radio Frequency, 무선 주파수) 기술로, 유효 범위는 32피트(약 10미터)이고(전력 등급에 따라 변경 가능), 전송 속도는 1Mbps이고 처리량은 721Kbps이다.

telecommunication	텔레커뮤니케이션, 통신, 원격 통신, 전기 통신
specification	명세, 사양, 규격, 기준
personal digital assistant	PDA, 개인용 디지털 단말기, 터치 스크린을 주 입력장치로 사용하며, 한손에 들어오는 크기의 작고 가벼운 컴퓨터로 팜탑(Palmtop)이라고도 함. 스마트폰의 전신이라고 할 수 있음.
RF	Radio Frequency(무선 주파수)
throughput	스루풋, 처리량, 생산량, 어떠한 컴퓨터 또는 네트워크의 처리량을 나타내는 용어로 사용

2.3 The keyword in a computer word (C)

2.3.1 CPU

Alternately referred to as a processor, central processor, or microprocessor, the CPU (pronounced sea-pea-you) is the central processing unit of the computer. A computer's CPU handles all instructions it receives from hardware and software running on the computer.

▶ 프로세서(처리장치) 또는 중앙처리장치, 마이크로프로세서라고도 불리는 CPU(씨피유 라고 읽음)는 컴퓨터의 중앙처리장치이다. 컴퓨터의 CPU는 컴퓨터에서 실행되는 하드웨어와 소프트웨어의 모든 명령어들을 처리한다.

handle	다루다, 처리하다

2.3.2 Client

A client is a computer that connects to and uses the resources of a remote computer, or server. Many corporate networks comprise a client computer for each employee, each of which connects to the corporate server. The server provides resources like files, information, Internet and intranet access, and external processing power. In the case of processing, any work done on the server is referred to as "server-side" work. Any work done on the local client is similarly called "client-side."

▶ 클라이언트는 원격 컴퓨터 또는 서버의 리소스에 연결하여 사용하는 컴퓨터이다. 많은 회사 네트워크는 직원들에게 클라이언트 컴퓨터를 제공하여 회사 서버에 접속하도록 한다. 이 서버는 파일과 정보, 인터넷 및 인트라넷 접속, 외부 처리 자원과 같은 리소스를 제공한다. 처리의 경우, 서버에서 처리되는 모든 작업을 서버측(Server-side) 작업이라고 한다. 마찬가지로 로컬 클라이언트에서 수행되는 모든 작업은 클라이언트측(Client-side) 작업이라고 한다.

remote	원격
corporate	기업의, 회사의, 법인 조직의

2.3.3 Cloud computing

Cloud computing is a term used to describe services provided over a network by a collection of remote servers. This abstract "cloud" of computers provides massive, distributed storage and processing power, which can be accessed by any Internet-connected device running a web browser.

▶ 클라우드 컴퓨팅은 원격 서버 그룹이 네트워크를 통해 제공되는 서비스를 설명하는데 사용되는 용어이다. 컴퓨터들이 추상화된 클라우드는 방대한 분산 저장 공간 및 처리 능력을 세공하며, 웹 브라우저를 실행하는 인터넷에 연결된 장치에서 접속할 수 있다.

collection	컬렉션, 수집, 모음, 집합
massive	대규모의, 대대적인, 막대한, 거대한
distributed	분산된
storage	기억 장치, 저장 장치
web browser	웹 브라우저, HTML 문서와 그림, 멀티미디어 파일 등을 웹(World Wide Web)을 기반으로 한 인터넷 컨텐츠를 검색/열람 하기 위한 응용 프로그램, 인터넷 익스플로러, 크롬, 엣지, 오페라, 사파리 등이 있음

2.4 The keyword in a computer word (D)

2.4.1 Domain

When referring to an Internet address or name a domain or domain name is the location of a website. For example, the domain name "google.com" points to the IP address "216.58.216.164". Generally, it's easier to remember a name rather than a long string of numbers. A domain name can be a maximum of sixty three characters with one character minimum, and is entered after the protocol in the URL, as you can see in the following example.

https://www.computerhope.com/jargon/u/url.htm

Protocol Subdomain Domain and domain suffix Directories Web page

인터넷 주소 또는 이름을 가리킬 때, 도메인 또는 도메인 네임(이름)은 웹 사이트의 위치를 말한다. 예를 들어, "google.com"은 IP 주소 "216.58.216.164"를 가리킨다. 일반적으로 숫자로 이루어진 긴 문자열을 기억하는 것 대신 이름을 기억하는 것이 더 쉽다. 도메인 이름은 최소 한 글자에서 최대 63자로 만들어지며, 다음의 예와 같이 URL에서 프로토콜 이름 뒤에 입력한다.

IP	인터넷 프로토콜(Internet Protocol)의 약자로 흔히 이 프로토콜에서 각 컴퓨터를 나타내는 IP address(주소)를 의미하기도 함.

2.4.2 Database

Alternatively referred to as a databank or a datastore, and sometimes abbreviated as a DB, a database is a large quantity of indexed digital information. It can be searched, referenced, compared, changed or otherwise manipulated with optimal speed and minimal processing expense.

데이터뱅크 또는 데이터 저장소(데이터스토어)라고 부르거나, 줄여서 DB라고 하는 데이터베이스는 대량의 색인화된 디지털 정보를 말한다. 최적의 속도와 최소한의 처리 비용으로 검색, 참조, 비교, 변경 또는 조작할 수 있다.

abbreviated	약자의, 단축된
quantity	수량, 양적인, 양
manipulated	조작하다, 조종하다, (데이터 등)을 조작하다
optimal	최적의, 최선의, 최상의
minimal	최소의
expense	비용, 경비, 지출

2.4.3 Debug

In general, debug refers to the process of examining and removing errors from a program's source code. For example, a developer may send a debug command through a program to see where in the code an error has occurred so he or she can resolve, or at least, bypass it.

▶ 보통, 디버그는 프로그램의 소스코드에서 오류를 검사하고 제거하는 절차를 말한다. 예를 들어, 개발자는 프로그램을 통해 디버그 명령을 보내어 코드 내 오류 발생 위치를 확인하여 문제를 해결하거나 적어도 우회할 수 있다.

debug	디버그, ~의 결함을 없애다, 오류를 검출하여 제거하다
resolve	해결하다, 해법

2.4.4 Docker

Docker is "containerization" software. It can encapsulate an application, as well as the application's system-level configuration and environment, into a modular unit called a container. Each container has a dedicated filesystem, similar to a traditional virtualized OS. Many containers can be loaded and installed simultaneously, and they are automatically managed by the Docker software.

▶ 도커는 컨테이너화하는 소프트웨어이다. 응용 프로그램(애플리케이션)뿐만 아니라 시스템 레벨의 구성 및 환경을 컨테이너라고 하는 모듈 단위로 캡슐화 할 수 있다. 각각의 컨테이너에는 기존의 가상화된 OS와 유사한 형태의 전용 파일 시스템이 있다. 많은 컨테이너를 동시에 로드하고 설치할 수 있으며 이 컨테이너들을 도커 소프트웨어가 자동으로 관리한다.

containerization	컨테이너화
encapsulate	캡슐화하다, 캡슐로 싸다, 보호하다, 요약하다
configuration	설정, 구성, 형상
modular	모듈러, 모듈의, 조립식
container	컨테이너
dedicated	전용의, 헌신적인, 특정한 목적으로 사용되는
virtualized	가상화된
OS	Operating System, 운영체제
simultaneously	동시에, 일제히

2.5 The keyword in a computer word (E)

2.5.1 Embedded

In general, embedded or an embedded system is a term used to describe an object, software, or hardware that is independent and does not need an external program or device to run it. A good example is an embedded operating system, which is software included in many specialized devices.

▶ 일반적으로 내장형(임베디드) 또는 내장형 시스템(임베디드 시스템)은 실행을 위해 외부 프로그램이나 디바이스를 필요로 하지 않고 독립적인 객체나 소프트웨어, 하드웨어를 설명하는 데 사용되는 용어이다. 많은 특수 장치에 탑재된 소프트웨어인 내장형 운영체제가 좋은 예이다.

independent	독립적인, 독립한
external	외부의, 외장의, 외관의, 대외적인
specialized	특성화된, 특별한 일을 위한, 전문의, 분화된

2.5.2 Event

In programming, an event is an action that occurs as a result of the user or another source, such as a mouse being clicked, or a key being pressed. An event handler is a routine that is used to deal with the event, allowing a programmer to write code that will be executed when the event occurs.

▶ 프로그래밍에서 이벤트는 마우스 클릭, 키보드 누르기 등과 같은 사용자 또는 다른 소스의 결과로 발생하는 동작이다. 이벤트 핸들러는 이러한 이벤트를 담당하는 데 사용하는 루틴으로 프로그래머는 이벤트 발생 시 실행될 코드를 작성할 수 있다.

handler	조정기, 구동기, 특정 일을 처리하는 코드나 함수
routine	루틴, 프로그램에 의한 컴퓨터의 일련의 작업 또는 처리 순서

2.6 The keyword in a computer word (G)

2.6.1 GUI

A GUI (graphical user interface) is interactive components such as icons and other graphical objects that help a user interact with computer software, such as an operating system.

▶ GUI(그래픽 사용자 인터페이스)는 운영체제와 같은 컴퓨터 소프트웨어와 사용자 사이에서 인터렉션(상호작용)하기 위한 아이콘 및 기타 그래픽 객체와 같은 상호작용 컴포넌트이다.

interactive	양방향의, 쌍방향의, 상호적인, 대화식의
icon	상징, GUI에서 특정한 프로그램이나 폴더 등을 나타내는 기호적 형상

2.6.2 GPU

Short for graphics processing unit, GPU is an electronic circuit used to speed up the creation of both 2D and 3D images. GPUs can either be integrated, meaning they are built into the computer's CPU or motherboard, or they can be dedicated, meaning they are a separate piece of hardware known as a video card. By having a separate processor, the GPU allows the computer's CPU resources to be used for other important tasks.

▶ 그래픽 처리 장치의 약자인 GPU는 2차원 및 3차원 이미지 생성 속도를 높이는데 사용되는 전자 회로이다. GPU는 컴퓨터의 CPU 또는 마더보드(메인보드)에 내장되거나 독립적인 비디오 카드 형태로 설치된다. GPU는 별도의 프로세서를 활용함으로써 CPU의 자원이 다른 중요한 작업에 사용할 수 있도록 한다.

2D	2 Dimensions 또는 2 Dimensional, 2차원, 2차원의
3D	3 Dimensions 또는 3 Dimensional, 3차원, 3차원의
motherboard	마더보드, 메인보드, 주기판, 컴퓨터의 각 부품들을 하나로 연결해 주는 회로를 가지고 있는 부품

2.7 The keyword in a computer word (H)

2.7.1 HTML

First developed by Tim Berners-Lee in 1990, HTML is short for Hypertext Markup Language. HTML is used to create electronic documents (called pages) that are displayed on the World Wide Web. Each page contains a series of connections to other pages called hyperlinks. Every web page you see on the Internet is written using one version of HTML code or another.

▶ 1990년에 팀 버너스-리가 처음 개발한 HTML은 하이퍼 텍스트 마크업 언어의 약자이다. HTML은 월드 와이드 웹(W3)에 표시되는 전자 문서(페이지라고 부름)를 만드는데 사용된다. 각 페이지는 하이퍼 링크라고 하는 다른 페이지와의 일련의 연결고리들을 포함한다. 모든 인터넷 상의 웹 페이지는 한 가지 버전의 HTML 또는 다른 버전을 사용하여 만들어진다.

World Wide Web	월드 와이드 웹, 웹, WWW, Web, 인터넷에 연결된 컴퓨터를 이용하여 사람들과 정보를 공유할 수 있는 거미줄처럼 엮인 공간을 뜻하는 용어
hyperlink	하이퍼링크, 줄여서 링크라고도 함. 주소와 주소가 비선형적으로 엮인 인터페이스

2.8 The keyword in a computer word (S)

2.8.1 Software

Sometimes abbreviated as SW and S/W, software is a collection of instructions that enable the user to interact with a computer, its hardware, or perform tasks. Without software, most computers would be useless. For example, without your Internet browser software, you could not surf the Internet or read this page. Without an operating system, the browser could not run on your computer.

▶ SW 또는 S/W로 줄여 쓰기도 하는 소프트웨어는 사용자가 컴퓨터 또는 컴퓨터의 하드웨어와 상호작용하거나 작업을 수행할 수 있도록 하는 명령어들의 집합이다. 소프트웨어가 없다면 대부분의 컴퓨터는 무용지물이다. 예를 들어 인터넷 브라우저 소프트웨어가 없다면 우리는 인터넷 서핑이나 웹 페이지를 읽을 수 없다. 운영체제가 없다면 우리는 컴퓨터에서 브라우저를 실행할 수 없다.

abbreviated	축약된, 생략된, 단축된

2.9 25 idioms you should know for software development

2.9.1 The ball is in your court

My job is done, now it's up to you. It originate from tennis, where if the ball gets in your court, you deal with it by hitting it across the net to your opponent.

2.9.1 공은 너에게 넘겨졌다.

▶ 내 일은 끝났어, 이제 너에게 달렸어. 테니스에서 유래되었으며, 코트 내에 공이 있으면 상대방 코트로 공을 넘겨 처리한다.

originate	유래하다, 파생하다, 생기다
opponent	반대의, 적, 경쟁 상대

2.9.2 Ballpark

Its mean is " acceptable range of estimation". One theory says that "ballpark figure" was coined in the 1950s, the early years of the space race. Being something of a then inexact science, when a spacecraft returned to earth it was said to be "in the ballpark" if it landed within the pre-designated area. This is a baseball reference because when balls are hit within the ballpark they are still playable for the fielding team.

2.9.2 야구장

수용 가능한 추정 범위. "사용자 수에 대한 야구장 견적을 보내주세요". 한 이론에 따르면 야구장은 스페이스 레이스 초기인 1950년대에 만들어졌다고 한다. 당시에는 정확하지 않은 과학으로 인하여 우주선이 지구로 돌아왔을 때 미리 지정된 지역에 착륙하면 "야구장"이라고 했다. 타자가 친 공이 야구장 안에 있으면 수비수가 처리할 수 있기 때문이다.

acceptable	수용 가능한, 허용 가능한, 받아들일만한, 허용할 수 있는, 참을만한
range	범위, 영역, 사정거리
figure	모습, 피규어, 모양, 그림
coined	만들어진
inexact	정확하지 않은, 엄밀하지 않은
spacecraft	우주선
pre-designated	사전에 지정된, 사전에 지명된

2.9.3 Bikeshedding

Its mean is " talking/arguing about something easy rather than the bigger issue at hand". A committee whose job is to approve plans for a nuclear power plant may spend the majority of its time on relatively unimportant but easy-to-grasp issues, such as what materials to use for the staff bikeshed, while neglecting the design of the power plant itself, which is far more important but also far more difficult to criticize constructively.

2.9.3 자전거 저장소

더 크고 어려운 문제보다는 쉽고 사소한 것에 대해 이야기하거나 논쟁하는 것. 원자력 발전소에 대한 계획을 승인하는 위원회가 중요하지만 어려운 발전소 설계와 같은 문제를 무시하면서 직원 자전거 저장소 재료와 같은 비교적 중요하지 않지만 파악하기 쉬운 문제에 대부분의 시간을 할애하는 등의 일을 하는 것.

argue	논쟁하다, 논의하다, 주장하다, 말다툼하다
approve	허가하다, 승인하다, 인정하다, 동의하다, 찬성하다
majority	주류, 과반수, 대부분, 다수의
grasp	이해하다, 파악하다, 손에 쥐다
material	자료, 재료
neglect	무시, 태만, 방치하다, 소홀히 하다

criticize	비판하다, 지적하다, 비난하다, 지적, 비방
constructively	건설적으로

2.9.4 Call it a day

Its mean is "stop doing something for the day, for example work, either temporarily or to give it up completely". The expression was originally "call it half a day", first recorded in 1838 in a context meaning to leave work before the working day was over.

2.9.4 하루를 부르다

하루 동안 일을 중단 하는 것, 일을 잠시 중단하거나 완전히 포기하는 것. 이 표현은 원래 반나절을 부르다(call it half a day)라고 했는데 1838년에 '근무시간이 끝나기 전에 퇴근한다'라는 의미로 처음 기록됨.

temporarily	임시로, 일시적으로, 가칭

2.9.5 PEBAC: Problem exists between keyboard and chair

Its mean is " a problem is caused entirely by the fault of the user"

- PMAC: "problem exists between monitor and chair"
- identity error or ID-10T/1D-10T error: "idiot error"
- PICNIC: "problem in chair, not in computer"
- IBM error: "idiot behind machine error"

2.9.5 문제는 키보드와 의자 사이에 있다

문제는 전적으로 사용자의 잘못에 있다.

- PMAC: 문제는 모니터와 의자 사이에 있다.
- identity error or ID-10T/1D-10T error: 멍청한 에러
- PICNIC: 문제는 컴퓨터가 아니라 의자에 있다
- IBM error: 컴퓨터 에러 뒤에 멍청하게 있다

IBM	International Business Machines Co. 국제사무기기, 미국의 컴퓨터 회사

2.9.6 Eat your own dogfood

Also called dogfooding, is a slang term used to reference a scenario in which a company uses its own product to test and promote the product. ex) The company sent out a memo to all of its employees telling them to eat their own dog food to demonstrate their new operating system's speed and ease of use.

2.9.6 나만의 개밥 먹기

▶ dogfooding이라고도 하는 이 용어는 회사가 자체 제품을 사용하여 제품을 테스트하고 홍보하는 시나리오를 나타내는 데 사용하는 속어이다. 예) 회사는 모든 직원에게 새로운 운영체제의 빠른 속도와 사용 용이성을 보이기 위해 자사 테스트 환경을 사용하도록 하는 메모를 발송했다.

company	회사, 집단, 출자자, 교제, 친구
promote	홍보하다, 증진하다, 승진하다
demonstrate	데모하다, 증명하다, 입증하다, 설명하다, 시위하다

2.9.7 Low hanging fruits

Its mean is "Targets or goals which are easily achievable and which do not require a lot of effort.". ex) But email is just the low-hanging fruit of the wireless data market.

2.9.7 낮게 매달린 과일

▶ 쉽게 달성할 수 있으며 많은 노력을 필요로 하지 않는 목표 예) 그러나 전자 메일은 무선 데이터 시장에서 가장 쉬운 성과이다.

achievable	달성 가능한, 달성할 수 있는
require	필요하다, 요구하다
effort	노력, 작업

2.9.8 Rocket science

Its mean is "Term used to describe anything considered overly complex.". anyExample: Freddie's car needed an oil change, but he had no idea how to do it himself. "Don't worry, I'll show you how it's done; it's not rocket science," his friend told him. This Phrase is usually used in a negative comparison, as the example above, to show that something is (should be) simple, straightforward, or obvious.

2.9.8 로켓 과학

▶ 지나치게 복잡한 것으로 간주되는 것을 설명하는 데 사용하는 용어. 예) 프레디는 차의 오일을 바꾸어야 했지만 어떻게 하는지 몰랐어. "걱정하지 마. 방법을 알려줄게. 그리 어려운 일이 아니야." 이 문구는 일반적으로 위의 예시와 같이 부정적 비교에 사용되어 어떤 것이 단순명료하다는 것을 보인다.

complex	복잡한, 복합적인, 복합의, 종합의
phrase	어구, 구절, 문구, 말
negative	부정의, 네거티브
comparison	비교, ~에 비해, 대조적으로

straightforward	직접의, 솔직한, 똑바로
obvious	분명한, 명백한, 확실한, 뻔한

2.9.9 Proof of concept

Its mean is "Evidence, typically derived from an experiment or pilot project, which demonstrates that a design concept, business proposal, etc., is feasible." ex) This prototype is a proof of concept experimented only in a lab environment.

2.9.9 컨셉 검증

▶ 일반적으로 실험이나 파일럿 프로젝트에서 도출된 증거로 설계 컨셉, 사업 제안 등이 실현 가능하다는 것을 보이는 것. ex) 이 프로토타입은 실험실 환경에서만 실험된 컨셉 검증이야.

proof	증명, 증거, 입증, 시험, 검사필의
concept	컨셉, 개념, 생각
evidence	증거, 근거, 단서
pilot	시범, 시험, 사전의, 시험적인, 선행적인
proposal	제안, 계획, 제의, 안
feasible	실행 가능한, 실행할 수 있는, 실현 가능한

2.9.10 Technical debt

The accumulated negative technical results of shortcuts and trade-offs taken in the past on a project.

2.9.10 기술 부채

▶ 과거의 프로젝트에서 기인한 단축 또는 트레이드 오프에 대해 누적된 부정적인 기술적 결과

debt	부채, 빚
accumulate	누적하다, 축적하다, 모으다
shortcut	지름길, 최단 노선
trade-off	거래, 교환, 협정, 결정, 이율 배반성

2.9.11 Murphy's Law

Its mean is "Anything that can go wrong, will go wrong.". According to the book A History of Murphy's Law, the law's name supposedly stems from an attempt to use new measurement devices developed by the Edward Murphy. The phrase was coined in adverse reaction to something Murphy said when his devices failed to perform.

2.9.11 머피의 법칙

> 잘못될 것은 잘못된다. 머피의 법칙의 역사라는 책에 따르면, 이 법칙은 에드워드 머피가 개발한 새로운 측정 장치를 사용하려는 시도에서 비롯된 것으로 추정된다. 이 문구는 머피가 자신의 장치의 작동이 실패했을 때 말했던 부정정인 리액션으로부터 유래되었다.

supposedly	아마도, 비록
stem	줄기, 비롯되다, 기인하다, 생기다
attempt	시도하다, 노력, 계획하다
measurement	측정, 치수
adverse	부정적인, 불리한, 반대의
reaction	반응, 반작용, 반발, 리액션

2.10 Reading Recommendations

- Computer dictionary – A
  링크: https://www.computerhope.com/jargon/ja.htm
- 25 idioms you should know for software development
  링크: https://hackernoon.com/idioms-you-should-know-for-software-development-ea221363235d
- A Brief About Embedded System their Classification and Applications
  링크: https://www.watelectronics.com/classification-of-embedded-systems/
- 영어 은유 해석 사이트
  링크: https://www.wordhippo.com/what-is/sentences-with-the-word/low-hanging_fruit.html

CHAPTER 3

StackOverflow knows anythings

Sentence of this week

"I'm not a real programmer.
I throw together things until it works then I move on."

_Rasmus Lerdorf

이 주의 명언

"나는 진정한 프로그래머가 아니다. 될 때까지 이것저것 마구 시도해보고 되면 다음으로 넘어간다.

_라스무스 레도프

3.1 The 19 problems that beginners frequent face

3.1.1 Confusing "=" (assignment operator) with "==" (equality operator).

We are confused about those operators. so we know about case using"="and "==". "=" is meaning about assignment. "==" is meaning about equality. so we usually use "=" in "if" and "==" in "for".

```
if(x =1){/*wrong*/}
....
if(x==1){/*good*/}
```

or

```
for(x==1; /*wrong!*/)
....
for(x=1; /*good.*/)
```

3.1.1 "="(할당, 대입 연산자)와 "=="(평등, 동일 연산자)의 혼동.

연산자들에 대해 혼란스러워 한다. 그래서 "="와 "=="를 사용하는 경우를 안다. "="는 대입에 대한 뜻이다. "=="는 같다의 뜻이다. 그래서 보통 "if"에 "="과 "for"에 "=="를 사용한다.

confuse	혼란스럽다, 혼동하다
assignment	대입, 할당
operator	연산자
equality	동치, 동일

3.1.2 Confusing precedence of operations

Confusing precedence of operations in expressions. When in doubt, use parentheses to enforce precedence. It never hurts to use a few extra parenthesis.

```
x=4, y=7, z=3
x + y * z =25
(x + y) * z =33
```

3.1.2 작업 우선 순위 혼동

표현식에서 연산자의 우선 순위 혼란. 의심스러운 경우 우선 순위를 적용하려면 괄호를 사용하시오. 몇 개의 괄호를 추가로 사용해도 결코 문제되지 않는다.

precedence	선행, 상위
expression	표현, 표현법
doubt	의심하다, 의혹, 불확실하다
parentheses	괄호
enforce	시행하다, 금지하다, 집행하다
hurt	다치다, 해치다, 다격, 상처

3.1.3 Confusing structure-member operators

Confusing structure-member operators. "struct_val" is a structure and "struct_ptr" is a pointer to a structure.

```
struct_val->myname
```

---is wrong and so is:

```
struct_ptr.myname
```

3.1.3 구조체 멤버 연산자의 혼란

구조체 멤버 연산자의 혼란. “struct_val” 구조이고, “struct_ptr”이 구조에 대한 포인터이다.

```
struct_val->myname
```

- 이것은 잘못된 표현이다. 아래도 마찬가지이다.

```
struct_ptr.myname
```

structure	구조, 체계

3.1.4 Using incorrect formatting codes for "printf()" and "scanf()".

Using incorrect formatting codes for “print()” and “scanf()” . Using a “%f” to print an “int”, for example, can lead to bizarre output.

```
int main(){
int x =10;
printf(“%f”, x);
return 0;
}
```

- output: 0.0000000

3.1.4 “printf()” 및 “scanf()”에 대한 잘못된 형식 지정 코드 사용

“printf()” 및 “scanf()”에 대한 잘못된 형식 지정 코드 사용. 예를 들어 “int”를 인쇄하기 위해 “%f”를 사용하면 이상한 출력으로 이어질 수 있다.

- 출력 결과: 0.0000000

incorrect	틀린, 부정확한, 맞지 않는
bizarre	괴상한, 별난, 기괴한
decimal	십진법의
exponent	지수

3.1.5 Remember than the actual base index of an array is 0, and the final index is 1 less than the declared size.

```
int data[20];
....
for(x =1;x <=20; x++){
   printf("%d\n",data[x]);
}
```

3.1.5 실제 배열의 기준 인덱스는 0이고, 최종 인덱스는 선언 크기보다 1 작은 것을 기억해라.

actual	실제의, 진짜의, 사실상의
base	기반, 기초, 시작
array	배열
declared	선언된, 선포, 발표, 지정

3.1.6 Muddling syntax for multidimensional arrays.

if:

```
data[10][10]
```

--- is a two dimensional array, then:

```
data[2][7]
```

--- will select an element in that array, However:

```
data[2,7]
```

--- will give invalid results but not be flagged as an error by C

3.1.6 다차원 배열에 대한 혼종 문법

만약,

```
data[10][10]
```

--- 이 2차원 배열이라고 한다면,

```
data[2][7]
```

--- 처럼 해당 배열에서 원소(요소) 하나를 선택할 것이다. 그러나,

```
data[2,7]
```

--- 은 잘못된 결과를 제공하지만 C언어에서 오류로 지정하지 못한다.

muddle	뒤죽박죽으로 만들다, 엉망진창으로 만들다, 혼동하다, 뒤섞다
syntax	신택스, 구문론, 문법
multidimensional	다차원의, 다양한

3.1.7 Confusing string and character constants

The following is a string:

```
"Y"
```

--- as opposed to the character constant:

```
'Y'
```

This can cause troubles in comparisons of strings against character constants.

3.1.7 문자열과 문자 상수의 혼란

▶ 다음은 문자열이다.

```
"Y"
```

--- 반대로 다음은 문자 상수이다.

```
'Y'
```

이로 인해 문자열을 문자 상수와 비교할 때 문제가 발생할 수 있다.

constant	상수
oppose	반대하다, 대비시키다, 대항하다
trouble	문제
against	~에 대한, 반대로, 반하여, 기대어서, 대항하여

3.1.8 Forgetting that strings end in a null character ('\n').

Forgetting that strings end in a null character('\n'). This means that a string will always be one character bigger than the text it stores. It can also cause trouble if a string a being created on a character-by-character basis, and the program doesn't tack the null character onto the end of it.

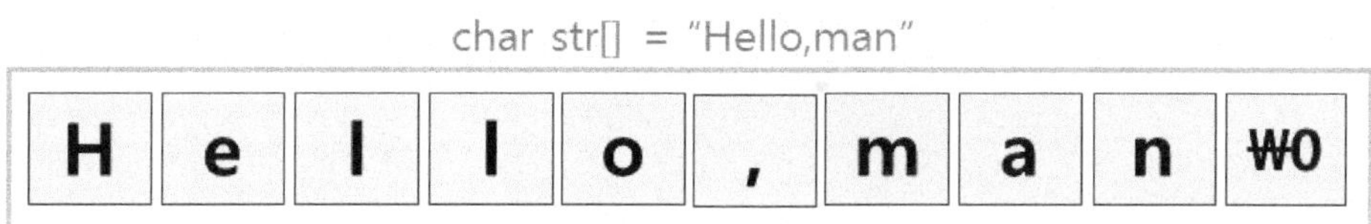

3.1.8 문자열이 NULL 문자 ('\0')로 끝나는 것을 잊는다.

▶ 문자열이 NULL 문자 ('\0')로 끝나는 것을 잊는다. 이것은 문자열이 저장하는 텍스트보다 항상 한 문자가 더 크다는 것을 의미한다. 문자열을 문자별로 작성하는 경우 문제가 발생할 수 있으며, 프로그램은 NULL 문자를 문자열 끝에 붙이지 않는다.

null	값이 없음을 나타내는 단어, 값이 없다는 것은 그 값이 0조차도 아니라는 뜻
tack	임시로 붙여두다, 고정시키다, 결합하다,

3.1.9 Failing to allocate enough memory for a string or, if pointers are declared, to allocate any memory for it at all

```
int main(){
    char szBuffer[12] = ("HelloWolrd");
    char *pszData =NULL;
    pszData = (char*)malloc(sizeof(char) *12);
    pszData = szBuffer;//
    puts(pszData);
    return 0;
}
```

3.1.9 문자열에 충분한 메모리를 할당하지 못했거나 포인터가 선언된 경우 메모리를 전혀 할당하지 못한다.

allocate	할당하다, 책정하다, 배분하다
enough	충분한, 충분히

3.1.10 Failing to check return values from library functions

Most library functions return an error code; while it may not be desirable to check every invocation of "printf()", be careful not to ignore error codes in critical operations. Of course, forgetting to store the value returned by a function when that's the only way to get the value out of it is a bonehead move, but people do things like that every now and then.

3.1.10 라이브러리 함수에서 리턴 값을 받지 못함

▶ 대부분의 라이브러리 기능은 오류 코드를 반환하며, "printf()"의 모든 호출에 대해 확인하는 것은 바람직하지 않을 수 있지만 중요한 작업에서 오류 코드를 무시하지 않도록 주의하여야 한다. 물론 그것이 그 가치를 얻어낼 수 있는 유일한 방법일 때 함수에 의해 반환되는 가치를 저장하는 것을 잊어버리는 것은 골치 아픈 일이지만 우리들은 이따금 그런 코딩을 한다.

desirable	바람직한
invocation	호출, 기원, 기도, 발동
critical	결정적인, 위험한, 중요한
bonehead	바보, 실책, 돌대가리

3.1.11 Having duplicate library-function names. The compiler will not always catch such bugs.

```
public class NormalizedExpressions{
   public void duplicateHello(String name){
      if(name ==null) throw new IllegalArgumentException();
      String greetings =”Hello, %name%”;
      if (name.length() >5 && name.length() <10){
        String out = greedings.replace(target:”%name%”,name);
        System.out.println(out);
      }
   }
   public void duplicateHello2(String nickname){
      if(nickname ==null) throw new IllegalArgumentException();
      String greetings =”Hello,%name%”;
      if(10 > nickname.length() && nickname.length() >5){
        String out = greetings.replace(target:”%name%”,nickname);
        System.out.println(out);
      }
   }
}
```

3.1.11 라이브러리 함수 명이 중복된다. 컴파일러는 항상 그러한 버그를 잡을 수 없을 것이다.

duplicate	중복되다, 복제한, 사촌의, 복사하다.

3.1.12 Forgetting to specify header files for library functions.

```
#include <stdio.h>
int main(){
   int a =100;
   printf(“%d”,a);

   return 0;
}
```

3.1.12 라이브러리 함수를 쓰기 위한 헤더 파일 명시 생략

specify	구체화하다, 명기하다

3.1.13 Use the pointer in the parameter to return the value

Specifying variables as parameters to functions are supposed. and the reverse, if the function returns a value through a parameter, that means it must be specified as a pointer.

```
myfunc(&myvar);
```

The following will not do the job:

```
myfunc(myvar);
```

Remember that a function may require a pointer as a parameter even if it doesn't return a value, though as a rule this is not a good programming practice.`

3.1.13 값을 반환하기 위해 매개변수에 포인터를 사용하자

함수에 대한 매개변수는 변수로 지정하고, 그 반대의 경우, 함수가 매개변수를 통해 값을 반환하면 함수에 대한 매개변수를 포인터로 지정해야 한다는 의미이다.

다음 작업은 정상 수행되지 않는다.

함수는 값을 반환하지 않더라도 포인터를 매개변수로 요구할 수 있지만 일반적으로 좋은 프로그래밍 방법은 아니다.

parameter	매개변수
suppose	생각하다, 가정하다, 기대하다
reverse	반대의, 뒤집다
through	통하여, 지나서, 사이로, 통과

3.1.14 Dangling else problem

Getting mixed up when using nested "if" and "else" statements. The best way to avoid problems with this is to always use brackets. Avoiding complicated "if" constructs is also a good idea; use "switch" if there's any choice in the matter. Using "switch" is also useful even for simple "if" statements, since it makes it easier to expand the construct if that is necessary.

```
If(x ==1){ printf("number 1");}

else if(x ==2){printf("number 2");}

else if(x ==3){printf("number 3");}

else if(x ==4){printf("number 4");}

. . .

else{printf("No number");
}
```

```
switch(x){
   case 1: printf("number 1"); break;
   case 2: printf("number 2"); break;
   . . .
   default: printf("No number"); break;
}
```

3.1.14 애매한 else 문제

▶ 중첩된 "if" 및"else" 문을 사용할 때 혼동. 이것과 관련된 문제를 피하는 가장 좋은 방법은 항상 괄호를 사용하는 것이다. 복잡한 "if"형태를 피하는 것도 좋은 방법이다. 이 문제에 대해 선택지가 있다면 "switch"를 사용해라. 간단한 "if"문은 "switch"를 사용하는 것이 훨씬 유용하다. 필요한 경우 구조를 더 쉽게 확장할 수 있기 때문이다.

dangle	매달리다, 대롱거림
statement	성명, 진술, 명세서, 문장, 말함, 진술, 발표
construct	만들다, 구성하다, 세우다

3.1.15 Forgetting semicolons

Forgetting a semicolon is usually caught by a compiler, but we sometimes forget it or add it to a strange place when coding.

```
for(x =1; x<10; ++x){
   printf("%d \n",x)
}
```

---never prints anything.

3.1.15 세미클론을 잊어버리는 것

세미클론을 잊어버리는 것은 보통 컴파일러가 잡지만 우리는 코딩할 때 이것을 잊어버리거나 이상한 곳에 추가하는 경우가 있다.

---아무것도 출력하지 않는다.

semicolon 세미콜론, ;

3.1.16 Forgetting "break" statements in "switch" constructs

Forgetting "break" statements in "switch" constructs. As commented earlier, doing so will simply execution to flow from one cause of the "switch" to the next.

```
switch(x){
   case 1: printf("number1");
   case 2: printf("number2");
   ...
   default: printf("No number");
}
```

3.1.16 "switch"구문에서 "break" 문장을 잊어 버리는 것

"switch"구문에서 "break" 문장을 잊어 버리는 것은 앞에서 언급했듯이 이렇게 "switch"의 한 절에서 다음 절로 계속해서 실행이 넘어가게 된다는 것이다.

execution 실행

3.1.17 Careless mixing and misuse of signed and unsigned values, or of different data types.

This can lead to some insanely subtle bugs. One particular problem to watch out for is declaring single character variables as "unsigned char". Many I/O functions will expect values of "unsigned int" and fail to properly flag EOF. It is recommended to cats function arguments to the proper type even if it appears that type conversion will take care of it on its own.

3.1.17 부호가 있는 값과 부호가 없는 값 또는 다른 데이터 유형의 부주의한 혼합 및 오용

약간의 미묘한 버그로 이어질 수 있다. 주의해야 할 한 가지 특별한 문제는 단일 문자 변수를 "unsigned char"로 선언하는 것이다. 많은 I/O 함수는 "unsigned int"값을 예상하고 EOF(End Of File)를 올바르게 플래그 지정하지 못한다. 형식 변환이 자체적으로 처리하는 것처럼 보이더라도 함수 인수를 적절한 형식으로 캐스팅하는 것이 좋다.

careless	경솔한, 부주의한, 조심성 없는
misuse	오용하다, 오용, 악용, 잘못 사용하다
lead	이끌다, 선두, 앞서다, 주도하다
insanely	미친듯이
subtle	미묘한, 미세한, 민감한, 교묘한, 섬세한
particular	특정한, 특수한, 특별한, 특이한
EOF	End of File, EoF, 파일 끝, 데이터 소스로부터 더 이상 읽을 수 있는 데이터가 없음을 의미

3.1.18 Confusion of variable names

It is recommended that such identifiers be unique in the first 6 characters to ensure portability of code.

```
artlist/ attlist
this/ tis
data/dat
file_name/ filename/ filename
wheream/ whereami
```

3.1.18 변수 이름의 혼란

코드 이식성을 보장하기 위해 식별자는 처음 6자에서 고유할 것을 권장한다.

identifier	식별자
unique	유니크, 유일한, 고유의, 특이한, 독특한

3.1.19 In general, excessively tricky and clever code.

Programs are nasty beasts and even if it works, it will have to be modified and even ported to different language. Maintain a clean structure and do the simple straight-forward thing, unless it imposes an unacceptable penalty.

3.1.19 일반적으로 지나치게 까다롭고 기묘한 코드

프로그램은 고약한 짐승과 같고, 잘 동작 할지라도 그 프로그램은 다른 언어로 포딩 되거나 연결될 수 있어야 할 것이다. 허용할 수 없는 문제가 없는 한 깔끔한 구조를 유지하고 간단하고 한눈에 보기 쉬운 문장을 만들어라.

excessively	과도하게, 지나치게, 매우
tricky	교활한, 교묘한
clever	영악한, 영리한, 똑똑한

nasty	불쾌한, 심술궂은, 좋지않은, 더러운, 비열한
beast	비스트, 짐승, 야수, 동물, 괴물같은
port	포팅하다, 이식하다
maintain	유지보수하다, 유지하다, 지속하다, 관리하다
unless	제외하면, ~하지 않는다면, ~한다면 모를까
unacceptable	수용할 수 없는, 있을 수 없는, 받아들일 수 없는
penalty	불이익

3.2 All errors find in Stack Overflow

3.2.1 What is Stack Overflow?

Stack Overflow occurs if the call stack pointer exceeds the stack bound. The call stack may consist of a limited amount of address space, often determined at the start of the program. The size of the call stack depends on many factors, including the programming language, machine architecture, multi-threading, and amount of available memory. When a program attempts to use more space than is available on the call stack (that is, when it attempts to access memory beyond the call stack's bounds, which is essentially a buffer overflow), the stack is said to overflow, typically resulting in a program crash

3.2.1 스택 오버플로는 무엇인가?

호출 스택 포인터가 스택 바인딩을 초과할 경우 스택 오버플로가 발생한다. 호출 스택은 제한된 양의 주소 공간으로 구성될 수 있으며 종종 프로그램 시작 시에 결정된다. 일반적 스택의 크기는 프로그래밍 언어, 기계 아키텍처, 다중 스레딩 및 사용 가능한 메모리의 양을 포함한 많은 요인에 따라 달라진다. 프로그램이 호출 스택에서 사용할 수 있는 공간보다 더 많은 공간을 사용하려고 할 때(즉, 기본적으로 버퍼 오버플로인 콜 스택의 한계를 넘어 메모리에 엑세스 하려고 할 때), 스택이 오버플로 되어 프로그램 충돌이 발생한다고 한다.

bound	한계, 묶인
determine	결정하다, 측정하다
depend	의존하다
factor	요인, 원인, 요소
beyond	~ 너머에, ~이상으로, ~이후, ~을 넘어서
essentially	필수적으로, 근본적으로, 본질적으로
buffer	버퍼, 한 곳에서 다른 곳으로 데이터를 이동할 때 임시적으로 그 데이터를 저장하기 위해 사용되는 물리적인 메모리 저장소의 영역
typically	일반적으로, 보통은, 전형적으로, 대체로
crash	충돌하다, 고장나다

3.2.2 What is 'StackOverflow' Web site?

Stack Overflow is a question and answer site for professional and enthusiast programmers. The website serves as a platform for users to ask and answer questions, and, through membership and active participation, to vote questions and answers up or down and edit questions and answers in a fashion similar to a wiki or Reddit. Users of Stack Overflow can earn reputation points and "badges"; for example, a person is awarded 10 reputation points for receiving an "up" vote on an answer given to a question and 5 points for the "up" vote of a question, and can receive badges for their valued contributions, which represents a kind of gamification of the traditional Q&A site. Users unlock new privileges with an increase in reputation like the ability to vote, comment, and even edit other people's posts.

3.2.2 '스택 오버플로' 웹 사이트는 무엇인가?

스택 오버플로(Stack Overflow)는 전문 프로그래머와 열정적인 프로그래머들을 위한 질의응답 사이트다. 이 웹 사이트는 사용자들이 질문하고 대답하고, 회원과 적극적인 참여를 통해 위키나 레딧과 유사한 방식으로 질문과 답변을 "업"이나 "다운"으로 투표하고, 질문과 답변을 편집하는 플랫폼 역할을 한다. 스택 오버플로의 사용자는 평판 포인트와 "배지"를 얻을 수 있다. 예를 들어, 한 사람은 질문에 주어진 "업" 투표로 10개의 평판 포인트와 5개의 점수를 받을 수 있으며, 그들의 가치 있는 기여에 대해 배지를 받을 수 있다. 전통적인 Q&A 사이트의 일종의 게임화를 나타낸다. 사용자가 투표, 코멘트 및 다른 사람의 게시물 편집 기능과 같은 평판을 높여 새로운 특권을 누린다.

enthusiast	열심인 사람, 광, 팬
participation	참가, 참여, 관여, 포함
fashion	패션, 유행, 방식, 관습
wiki	위키, 불특정 다수가 협업을 통해 직접 내용과 구조를 수정할 수 있는 웹 사이트
Reddit	레딧, 소셜 뉴스 웹 사이트로 자신이 쓴 글을 등록하고 그 글을 다른 사용자들의 투표를 통해 순위에 따라 주제별 섹션이나 메인 페이지에 올라가는 서비스
reputation	평판, 명성, 명예
badge	배지, 증표
award	상, 어워드, 상금, 수여하다
contribution	기여, 공헌
represent	대표하다, 나타내다, 상징하다, 대변하다
gamification	게임화, 게임의 요소를 가미
traditional	전통적인, 구식의
privilege	특권, 특례, 혜택, 영광
comment	코멘트, 주석, 주해, 말, 논평, 의견

3.2.3 StackOverflow is used by most developers

Each month, about 50 million people visit Stack Overflow to learn, share, and build their careers. We estimate that 21 million of these people are professional developers and university-level students. The majority of our survey respondents this year were people who part of their work or are students preparing for such a career. About 4% of respondents code as a hobby but not as a profession, and just under 2% of respondents used to be professional developers but no longer are.

3.2.3 StackOverflow는 대부분의 개발자가 사용한다.

▶ 매달 약 5천만 명이 StackOverflow를 방문하여 자신의 경력을 배우고 공유하고 구축한다. 우리는 이 사람들 중 2천 1백만이 전문 개발자 및 대학 수준의 학생이라고 추정합니다. 올해 설문조사 응답자의 대다수는 자신이 전문 개발자라고 말하거나 때로는 작업의 일부로 코딩하거나 그러한 경력을 준비하는 학생들이라고 말한 사람들이었다. 응답자의 약 4%는 취미가 아닌 직업으로 코딩했으며 응답자의 2% 미만은 전문 개발자가 되었지만 더 이상 그렇지 않다.

career	커리어, 경력, 진로, 직업, 활동
estimate	추정하다, 예상하다, 평가하다, 계산하다, 전망하다
survey	설문조사, 조사하다, 연구하다, 평가하다
respondent	응답자

3.2.4 Four problems

problem 1: why 'scanf' is unsafe?

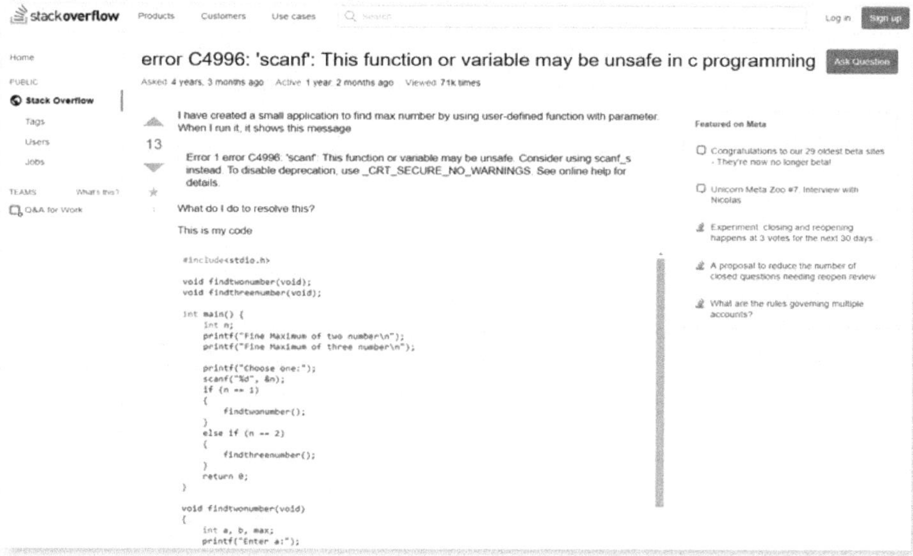

stackoverflow Products Customers Use cases Log in Sign up

Home
PUBLIC
Stack Overflow
Tags
Users
Jobs
TEAMS What's this?
Q&A for Work

error C4996: 'scanf': This function or variable may be unsafe in c programming

Ask Question

Asked 4 years, 3 months ago Active 1 year 2 months ago Viewed 71k times

13

I have created a small application to find max number by using user-defined function with parameter. When I run it, it shows this message

> Error 1 error C4996: 'scanf': This function or variable may be unsafe. Consider using scanf_s instead. To disable deprecation, use _CRT_SECURE_NO_WARNINGS. See online help for details.

What do I do to resolve this?

This is my code

```
#include<stdio.h>

void findtwonumber(void);
void findthreenumber(void);

int main() {
    int n;
    printf("Fine Maximum of two number\n");
    printf("Fine Maximum of three number\n");

    printf("Choose one:");
    scanf("%d", &n);
    if (n == 1)
    {
        findtwonumber();
    }
    else if (n == 2)
    {
        findthreenumber();
    }
    return 0;
}

void findtwonumber(void)
{
    int a, b, max;
    printf("Enter a:");
```

Featured on Meta

Congratulations to our 29 oldest beta sites - They're now no longer beta!

Unicorn Meta Zoo #7: Interview with Nicolas

Experiment: closing and reopening happens at 3 votes for the next 30 days

A proposal to reduce the number of closed questions needing reopen review

What are the rules governing multiple accounts?

solution:

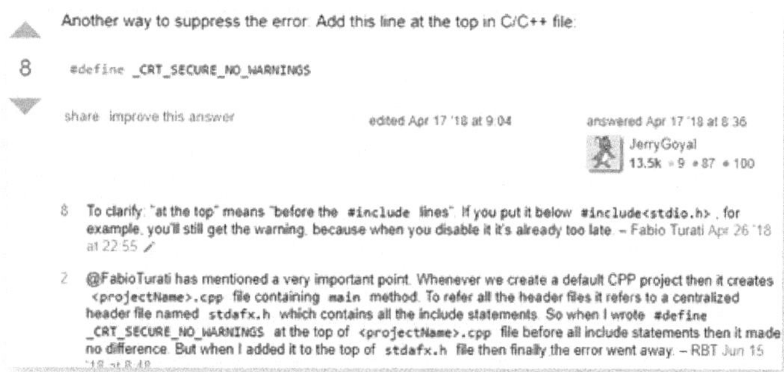

8

Another way to suppress the error: Add this line at the top in C/C++ file:

```
#define _CRT_SECURE_NO_WARNINGS
```

share improve this answer edited Apr 17 '18 at 9:04 answered Apr 17 '18 at 8:36 JerryGoyal 13.5k 9 87 100

8 To clarify: "at the top" means "before the `#include` lines". If you put it below `#include<stdio.h>`, for example, you'll still get the warning, because when you disable it it's already too late. – Fabio Turati Apr 26 '18 at 22:55

2 @FabioTurati has mentioned a very important point. Whenever we create a default CPP project then it creates `<projectName>.cpp` file containing `main` method. To refer all the header files it refers to a centralized header file named `stdafx.h` which contains all the include statements. So when I wrote `#define _CRT_SECURE_NO_WARNINGS` at the top of `<projectName>.cpp` file before all include statements then it made no difference. But when I added it to the top of `stdafx.h` file then finally the error went away. – RBT Jun 15 '18 at 8:48

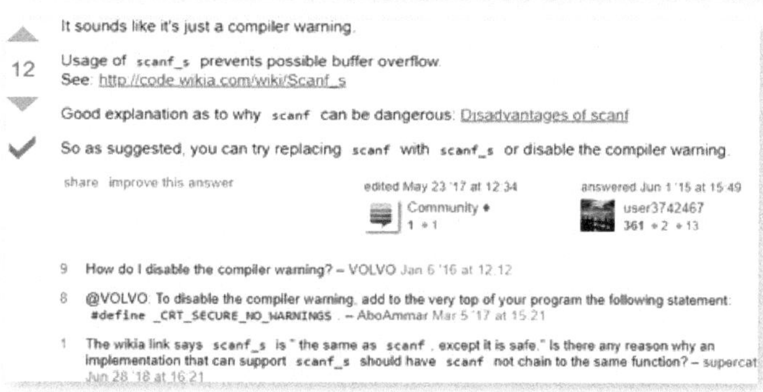

12

It sounds like it's just a compiler warning.

Usage of `scanf_s` prevents possible buffer overflow.
See: http://code.wikia.com/wiki/Scanf_s

Good explanation as to why `scanf` can be dangerous: Disadvantages of scanf

So as suggested, you can try replacing `scanf` with `scanf_s` or disable the compiler warning.

share improve this answer edited May 23 '17 at 12:34 Community ♦ 1 1 answered Jun 1 '15 at 15:49 user3742467 361 2 13

9 How do I disable the compiler warning? – VOLVO Jan 6 '16 at 12:12

8 @VOLVO: To disable the compiler warning, add to the very top of your program the following statement: `#define _CRT_SECURE_NO_WARNINGS`. – AboAmmar Mar 5 '17 at 15:21

1 The wikia link says `scanf_s` is "the same as `scanf`, except it is safe." Is there any reason why an implementation that can support `scanf_s` should have `scanf` not chain to the same function? – supercat Jun 28 '18 at 16:21

problem 1: 왜 'scanf'는 안전하지 않은가?

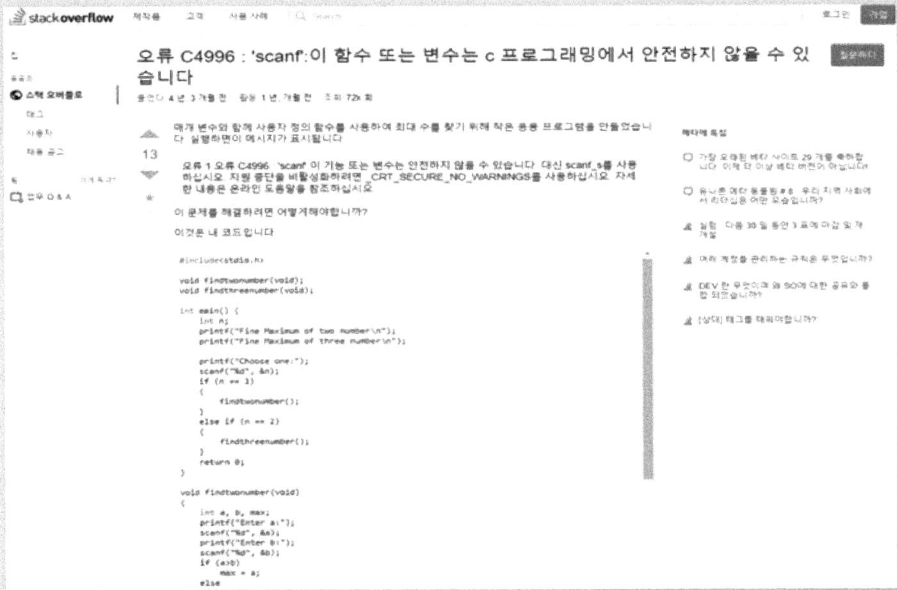

stackoverflow

오류 C4996 : 'scanf':이 함수 또는 변수는 c 프로그래밍에서 안전하지 않을 수 있습니다

매개 변수와 함께 사용자 정의 함수를 사용하여 최대 수를 찾기 위해 작은 응용 프로그램을 만들었습니다 실행하면이 메시지가 표시됩니다

13

오류 1 오류 C4996 'scanf' 이 기능 또는 변수는 안전하지 않을 수 있습니다 대신 scanf_s를 사용하십시오 지원 중단을 비활성화하려면 _CRT_SECURE_NO_WARNINGS를 사용하십시오 자세한 내용은 온라인 도움말을 참조하십시오

이 문제를 해결하려면 어떻게해야합니까?

이것은 내 코드입니다

```
#include<stdio.h>

void findtwonumber(void);
void findthreenumber(void);

int main() {
    int n;
    printf("Fine Maximum of two number\n");
    printf("Fine Maximum of three number\n");

    printf("Choose one:");
    scanf("%d", &n);
    if (n == 1)
    {
        findtwonumber();
    }
    else if (n == 2)
    {
        findthreenumber();
    }
    return 0;
}

void findtwonumber(void)
{
    int a, b, max;
    printf("Enter a:");
    scanf("%d", &a);
    printf("Enter b:");
    scanf("%d", &b);
    if (a>b)
        max = a;
    else
```

solution:

12

컴파일러 경고 일뿐입니다.

사용 scanf_s 하면 버퍼 오버플로 가 발생하지 않습니다.
참조 : http://code.wikia.com/wiki/Scanf_s

왜 scanf 위험한 지에 대한 좋은 설명 : scanf의 단점

제안 그래서, 당신은 교체 시도 할 수 있습니다 scanf 와 함께 scanf_s 또는 컴파일러 경고를 해제합니다.

몫 이 답변을 개선

생성 23 apr 172017-23-23 12:34:54 e編성 1 jun 1515-06-15 15:49:54

커뮤니티 ♦ 1 • 1

사용자 3742467 361 • 2 • 13

9 컴파일러 경고를 비활성화하려면 어떻게합니까? – VOLVO 1 월 6 일 16 12:12

8 @VOLVO : 컴파일러 경고를 비활성화하려면 프로그램 맨 위에 다음 명령문을 추가하십시오 #define _CRT_SECURE_NO_WARNINGS . – AboAmmar Mar 5 '17 at 15:21

1 Wikia 링크 scanf_s 는 " scanf 안전하다는 것을 제외하고는 동일 합니다." 라고 말합니다 . 지원할 수있는 구현이 동일한 기능에 연결되지 scanf_s 않아야 하는 이유가 scanf 있습니까? – supercat Jun 28 '18 at 16:21

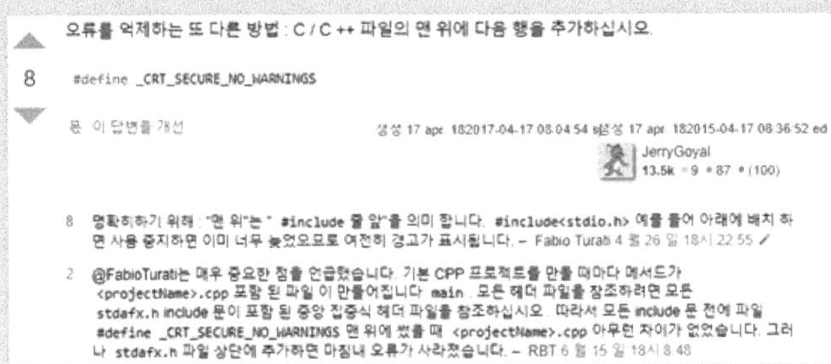

8

오류를 억제하는 또 다른 방법 : C / C ++ 파일의 맨 위에 다음 행을 추가하십시오.

```
#define _CRT_SECURE_NO_WARNINGS
```

몫 이 답변을 개선

생성 17 apr 182017-04-17 08:04:54 s편성 17 apr 182015-04-17 08:36:52 ed

JerryGoyal 13.5k • 9 • 87 • (100)

8 명확히하기 위해 : "맨 위"는 " #include 올 앞"을 의미 합니다. #include<stdio.h> 예를 들어 아래에 배치 하면 사용 중지하면 이미 너무 늦었으므로 여전히 경고가 표시됩니다. – Fabio Turati 4 월 26 일 18시 22:55

2 @FabioTurati는 매우 중요한 점을 언급했습니다. 기본 CPP 프로젝트를 만들 때마다 메서드가 <projectName>.cpp 포함 된 파일 이 만들어집니다 main . 모든 헤더 파일을 참조하려면 모든 stdafx.h include 문이 포함 된 중앙 집중식 헤더 파일을 참조하십시오 . 따라서 모든 include 문 전에 파일 #define _CRT_SECURE_NO_WARNINGS 맨 위에 썼을 때 <projectName>.cpp 아무런 차이가 없었습니다. 그러나 stdafx.h 파일 상단에 추가하면 마침내 오류가 사라졌습니다. – RBT 6 월 15 일 18시 8:48

problem 2: Cannot open include file with Visual Studio?

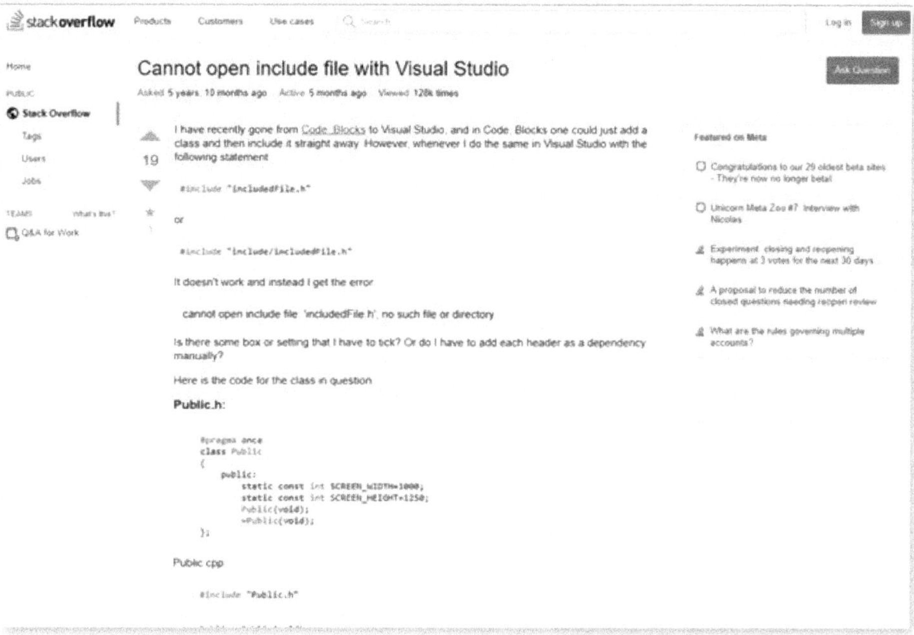
stackoverflow Products Customers Use cases Log in Sign up

Home
PUBLIC
Stack Overflow
Tags
Users
Jobs
TEAMS What's this?
Q&A for Work

Cannot open include file with Visual Studio

Asked 5 years, 10 months ago Active 5 months ago Viewed 128k times

19

I have recently gone from Code::Blocks to Visual Studio, and in Code::Blocks one could just add a class and then include it straight away. However, whenever I do the same in Visual Studio with the following statement

```
#include "includedFile.h"
```

or

```
#include "include/includedFile.h"
```

It doesn't work and instead I get the error

cannot open include file: 'includedFile.h': no such file or directory

Is there some box or setting that I have to tick? Or do I have to add each header as a dependency manually?

Here is the code for the class in question

Public.h:

```
#pragma once
class Public
{
    public:
        static const int SCREEN_WIDTH=1000;
        static const int SCREEN_HEIGHT=1250;
        Public(void);
        ~Public(void);
};
```

Public.cpp

```
#include "Public.h"
```

Featured on Meta

Congratulations to our 29 oldest beta sites - They're now no longer beta!

Unicorn Meta Zoo #7: Interview with Nicolas

Experiment: closing and reopening happens at 3 votes for the next 30 days

A proposal to reduce the number of closed questions needing reopen review

What are the rules governing multiple accounts?

solution:

31

I had this same issue going from e.g gcc to visual studio for C programming. **Make sure your include file is actually in the directory** -- not just shown in the VS project tree. For me in other languages copying into a folder in the project tree would indeed move the file in. With Visual Studio 2010, pasting into "Header Files" was NOT putting the .h file there.

Please check your actual directory for the presence of the include file. Putting it into the "header files" folder in project/solution explorer was not enough.

share improve this answer edited Jun 1 '16 at 17:30 answered Dec 3 '13 at 2:56 Yablargo 2,086 • 7 • 30 • 53

21

Go to your Project properties (Project -> Properties -> Configuration Properties -> C/C++ -> General) and in the field Additional Include Directories add the path to your .h file.

And be sure that your Configuration and Platform are the active ones. Example: Configuration: Active(Debug) Platform: Active(Win32).

share improve this answer answered May 8 '16 at 19:41 Radu Ruse 211 • 2 • 2

17

You need to set the path for the preprocessor to search for these include files, if they are not in the project folder.

You can set the path in VC++ Directories, or in Additional Include Directories. Both are found in project settings.

share improve this answer edited Oct 19 '13 at 0:07 JBentley 4,262 • 5 • 25 • 61 answered Oct 16 '13 at 23:19 Chris Olsen 1,654 • 12 • 24

7 They are in the project folder and I have added the path to the project in both directories, alas it doesn't work – user2853108 Oct 17 '13 at 23:31

15

By default, Visual Studio searches for headers in the folder where your project is ($ProjectDir) and in the default standard libraries directories. If you need to include something that is not placed in your project directory, you need to add the path to the folder to include:

Go to your Project properties (Project -> Properties -> Configuration Properties -> C/C++ -> General) and in the field `Additional Include Directories` add the path to your .h file.

You can, also, as suggested by Chris Olen, add the path to VC++ Directories field.

share improve this answer

answered Oct 16 '13 at 23:50
tomi lee jones
1,263 • 13 • 19

They are in the project folder and I have added the path to the project in both directories, alas it doesn't work – user2853108 Oct 17 '13 at 23:33

3 Sorry, but it is not possible. It is a very straightforward thing to do, and if you entered correct paths, it should open. If they are in the project folder, don't add the path to the project - you just `#include "file.h"`. Last thing you can do, is to Right click project -> Add -> New item -> Header file and then include it, the file will be created automatically in your project dir. If it doesn't work, something is very wrong with your Visual Studio. – tomi lee jones Oct 18 '13 at 6:21

It is, see my edit. Additionally I don't seem to be having any problem with the inclusion in the class belonging to the header, just elsewhere – user2853108 Oct 18 '13 at 23:48

@user2853108 What do you mean "problem with the inclusion in the class belonging to the header"? Please clarify. – JBentley Oct 18 '13 at 23:52

1 Make sure its actually in your include direcotry not just in the project tree. Pasting into the project tree wasn't actually putting a file into the project dir for me! – Yablargo Dec 3 '13 at 2:57

problem 2: 비주얼 스튜디오에서 include 파일을 열 수 없다.

stackoverflow

Visual Studio에서 포함 파일을 열 수 없습니다

조회 128k 회

19

최근에 Code :: Blocks 에서 Visual Studio로 이동했으며 Code :: Blocks에서 클래스를 추가 한 다음 바로 포함 할 수 있습니다. 그러나 Visual Studio에서 다음 명령문을 사용하여 동일한 작업을 수행 할 때마다

```
#include "includedFile.h"
```

또는

```
#include "include/includedFile.h"
```

작동하지 않고 대신 오류가 발생합니다

포함 파일을 열 수 없습니다 'includedFile.h'. 그러한 파일이나 디렉토리가 없습니다

체크해야 할 상자 나 설정이 있습니까? 아니면 각 헤더를 종속성으로 수동으로 추가해야합니까?

해당 클래스의 코드는 다음과 같습니다

Public.h :

```
#pragma once
class Public
{
    public:
        static const int SCREEN_WIDTH=1000;
        static const int SCREEN_HEIGHT=1250;
        Public(void);
        ~Public(void);
};
```

Public.cpp

```
#include "Public.h"

Public::Public(void)
{
}
```

solution:

31

예를 들어 gcc에서 C 프로그래밍을위한 Visual Studio로 똑같은 문제가 발생했습니다. **포함 파일이** VS 프로젝트 트리에만 표시되는 것이 아니라 **실제로 디렉토리에 있는지 확인하십시오** . 다른 언어의 경우 프로젝트 트리의 폴더에 복사하면 실제로 파일이 이동합니다. Visual Studio 2010에서는 "헤더 파일"에 붙여 넣으면 .h 파일을 넣지 않았습니다.

포함 파일이 있는지 실제 디렉토리를 확인하십시오. 프로젝트 / 솔루션 탐색기의 "헤더 파일"폴더에 넣는 것만으로는 충분하지 않습니다.

이 답변을 개선

생성 1 jun. 162016-06-17 17:30:54 s 생성 3 dec.
야블라고
2,086 • 7 • 30 개의 • 53

21

프로젝트 특성 (프로젝트-> 특성-> 구성 특성-> C / C ++-> 일반)으로 이동하고 추가 포함 디렉토리 필드에서 .h 파일의 경로를 추가하십시오.

구성 및 플랫폼이 활성화되어 있는지 확인하십시오. 예 : 구성 : Active (Debug) 플랫폼 : Active (Win32).

몫 이 답변을 개선

생성 8 May.
라두 루즈
211 • 2 • 2

17

이러한 포함 파일이 프로젝트 폴더에없는 경우 이러한 포함 파일을 검색하려면 전 처리기의 경로를 설정해야합니다.

VC ++ 디렉토리 또는 추가 포함 디렉토리 에서 경로를 설정할 수 있습니다 . 둘 다 프로젝트 설정에서 찾을 수 있습니다.

몫 이 답변을 개선

생성 19 oct. 132013-10-19 0:07:54 s
벤틀리
4,262 • 5 • 25 • 61

생성 16 oct. 132013-10-16 23:19:54
크리스 올슨
1,654 • 12 • 24

7 그것들은 프로젝트 폴더에 있으며 두 디렉토리 모두에서 프로젝트 경로를 추가했습니다. 아쉽게도 작동하지 않습니다 – user2853108 Oct 17 '13 at 23:31

15

기본적으로 Visual Studio는 프로젝트가있는 폴더 ($ ProjectDir)와 기본 표준 라이브러리 디렉토리에서 헤더를 검색합니다. 프로젝트 디렉토리에없는 것을 포함해야하는 경우 포함 할 폴더의 경로를 추가해야합니다.

프로젝트 속성 (프로젝트-> 속성-> 구성 속성-> C / C ++-> 일반)으로 이동하여 필드 `Additional Include Directories` 에 .h 파일의 경로를 추가하십시오.

Chris Olen이 제안한대로 VC ++ 디렉토리 필드에 경로를 추가 할 수도 있습니다.

몫 이 답변을 개선

생성 16 oct. 132013-10-16 23:50:54
tomi.lee.jones
1,263 • 13 • 19

그것들은 프로젝트 폴더에 있으며 두 디렉토리 모두에서 프로젝트 경로를 추가했습니다. 아쉽게도 작동하지 않습니다. – user2853108 Oct 17 '13 at 23:33

삼 죄송하지만 불가능합니다. 이 작업은 매우 간단하며 올바른 경로를 입력하면 열어야합니다. 이들이 프로젝트 폴더에 있다면 프로젝트 경로를 추가하지 마십시오 `#include "file.h"` . 마지막으로 할 수있는 일은 프로젝트-> 추가-> 새 항목-> 헤더 파일을 마우스 오른쪽 버튼으로 클릭 한 다음 포함시키는 것입니다. 파일은 프로젝트 디렉토리에 자동으로 생성됩니다. 작동하지 않으면 Visual Studio에 문제가있는 것입니다. – tomi.lee.jones 10 월 18 '13시 6:21 ✎

그것은 내 편집을 참조하십시오. 또한 난 그냥 다른 헤더에 속하는 클래스에 포함 어떤 문제가 될 것 같지 않습니다 - user2853108 10월 18일 '13 23시 48분에서

@ user2853108 "헤더에 속하는 클래스에 포함하는 데 문제가 있음"은 무엇을 의미합니까? 명확히하십시오. – JBentley 10 월 18 '13시 23:52 ✎

1 실제로 프로젝트 트리뿐만 아니라 포함 디렉토리에 있는지 확인하십시오. 프로젝트 트리에 붙여 넣는 것은 실제로 파일을 프로젝트 디렉토리에 넣지 않았습니다! – Yablargo 12 월 3 '13시 2:57

problem 3: Using %f to print an integer variable

Using %f to print an integer variable

Asked 7 years 1 month ago Active 7 years 1 month ago Viewed 7k times

7

The output of the following c program is 0.000000 Is there a logic behind the output or is the answer compiler dependent or I am just getting a garbage value?

```
#include<stdio.h>

int main()
{
    int x=10;
    printf("%f", x);
    return 0;
}
```

PS - I know that to try to print an integer value using %f is stupid. I am just asking this from a theoretical point of view

c

share improve this question edited Jul 26 '12 at 16:10 paercebal 66k 34 118 153 asked Jul 26 '12 at 16:09 Prateek 76 3 9

I see strange things: int x=10, y=4,z=4; printf("x %f y %d z %d\n", x, y, z); – perreal Jul 26 '12 at 15:16

Is it a 32 or 64 bit platform? – Maxim Egorushkin Jul 26 '12 at 16:19

1 @JoelCornett. You'd need (float)x. %lf is double – chris Jul 26 '12 at 16:20

1 @perreal yeah the output to your code is also quite strange. Now why is z printing a garbage value? – Prateek Jul 26 '12 at 16:21

1 Perhaps this somewhat similar answer might be useful. – Kerrek SB Jul 26 '12 at 16:21

show 9 more comments

Featured on Meta

Congratulations to our 29 oldest beta sites - They're now no longer beta!

Unicorn Meta Zoo #8: What does leadership look like in our communities?

Experiment: closing and reopening happens at 3 votes for the next 30 days

A proposal to reduce the number of closed questions needing reopen review

What are the rules governing multiple accounts?

Should we burninate the [relative] tag?

solution:

4

The most important thing to remember is that, as chris points out, the behavior is undefined. If this were in a real program, the only sensible thing to do would be to fix the code.

On the other hand, looking at the behavior of code whose behavior is not defined by the language standard can be instructive (as long as you're careful not to generalize the behavior too much).

`printf`'s `"%f"` format expects an argument of type `double`, and prints it in decimal form with no exponent. Very small values will be printed as `0.000000`.

When you do this:

```
int x=10;
printf("%f", x);
```

we can explain the visible behavior given a few assumptions about the platform you're on:

- `int` is 4 bytes
- `double` is 8 bytes
- `int` and `double` arguments are passed to `printf` using the same mechanism, probably on the stack

So the call will (plausibly) push the `int` value `10` onto the stack as a 4-byte quantity, and `printf` will grab 8 bytes of data off the stack and treat it as the representation of a `double`. 4 bytes will be the representation of `10` (in hex, `0x0000000a`); the other 4 bytes will be garbage, quite likely zero. The garbage could be either the high-order or low-order 4 bytes of the 8-byte quantity. (Or anything else; remember that the behavior is undefined.)

Here's a demo program I just threw together. Rather than abusing `printf`, it copies the representation of an `int` object into a `double` object using `memcpy()`.

```
#include <stdio.h>
#include <string.h>

void print_hex(char *name, void *addr, size_t size) {
    unsigned char *buf = addr;
    printf("%s = ", name);
    for (int i = 0; i < size; i ++) {
        printf("%02x", buf[i]);
    }
```

```
    putchar('\n');
}

int main(void) {
    int i = 10;
    double x = 0.0;
    print_hex("i (set to 10)", &i, sizeof i);
    print_hex("x (set to 0.0)", &x, sizeof x);

    memcpy(&x, &i, sizeof (int));
    print_hex("x (copied from i)", &x, sizeof x);
    printf("x (%%f format) = %f\n", x);
    printf("x (%%g format) = %g\n", x);

    return 0;
}
```

The output on my x86 system is:

```
i (set to 10) = 0a000000
x (set to 0.0) = 0000000000000000
x (copied from i) = 0a00000000000000
x (%f format) = 0.000000
x (%g format) = 4.94066e-323
```

As you can see, the value of the `double` is very small (you can consult a reference on the IEEE floating-point format for the details), close enough to zero that `"%f"` prints it as `0.000000`.

Let me emphasize once again that *the behavior is undefined*, which means specifically that the language standard "imposes no requirements" on the program's behavior. Variations in byte order, in floating-point representation, and in argument-passing conventions can dramatically change the results. Even compiler optimization can affect it; compilers are permitted to assume that a program's behavior is well defined, and to perform transformations based on that assumption.

So *please* feel free to ignore everything I've written here (other than the first and last paragraphs).

problem 3: 정수형 변수를 출력할 때 %f를 사용

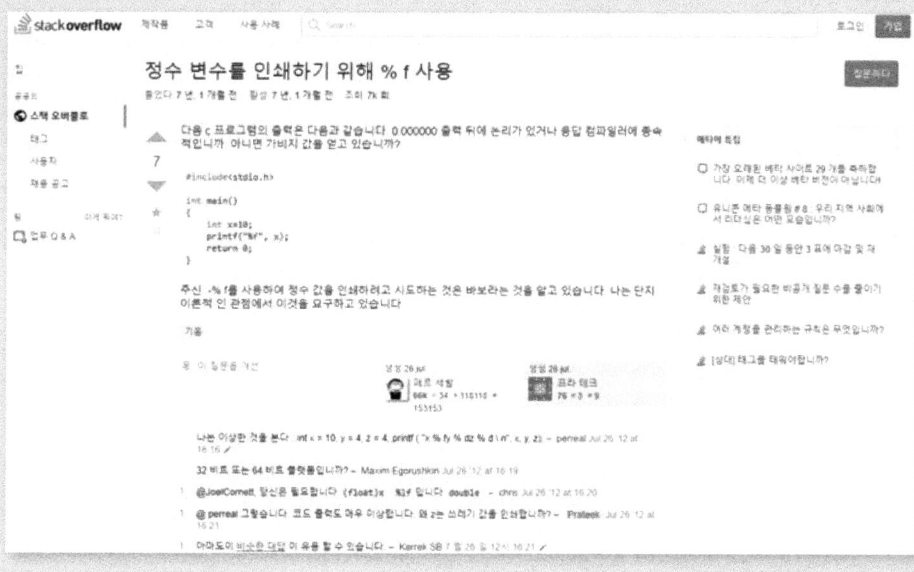

solution:

4

기억해야 할 가장 중요한 것은 크리스가 지적한 것처럼 동작이 정의되지 않았다는 것입니다. 이것이 실제 프로그램에 있다면 코드를 수정하는 것이 현명한 일입니다.

반면, 언어 표준에 의해 동작이 정의되지 않은 코드의 동작을 살펴 보는 것은 동작을 너무 일반화하지 않도록주의를 기울이는 한 도움이 될 수 있습니다.

`printf` 의 `"%f"` 형식은 type의 인수를 예상하고 `double` 지수없이 10 진수 형식으로 인쇄합니다. 매우 작은 값온로 인쇄됩니다 `0.000000`.

당신은이 작업을 수행 할 때 :

```
int x=10;
printf("%f", x);
```

현재 사용중인 플랫폼에 대한 몇 가지 가정을 통해 가시적 인 동작을 설명 할 수 있습니다.

- `int` 4 바이트
- `double` 8 바이트
- `int` 및 `double` 인수에 전달되는 `printf` 스택에 아마, 같은 메커니즘을 사용하여

따라서 호출은 `int` 값 `10` 을 4 바이트 수량으로 스택에 (가능하게) 푸시하고 `printf` 8 바이트의 데이터를 스택에서 가져 와서이를 표현으로 취급합니다 `double`. 4 바이트는 `10` 16 진수로 표현됩니다 `0x0000000a`. 다른 4 바이트는 가비지가되며 0 일 가능성이 높습니다. 가비지는 8 바이트 수량의 상위 또는 하위 4 바이트 일 수 있습니다. (또는 다른 것; 동작이 정의되지 않았다는 것을 기억하십시오.)

방금 함께 던진 데모 프로그램이 있습니다. 오히려 남용보다 `printf`, 그것의 사본 표현 `int` (A) 내로 물체 `double` 오브젝트 사용 `memcpy()`.

```
#include <stdio.h>
#include <string.h>

void print_hex(char *name, void *addr, size_t size) {
    unsigned char *buf = addr;
    printf("%s = ", name);
    for (int i = 0; i < size; i ++) {
        printf("%02x", buf[i]);
    }
    putchar('\n');
}
```

```
int main(void) {
    int i = 10;
    double x = 0.0;
    print_hex("i (set to 10)", &i, sizeof i);
    print_hex("x (set to 0.0)", &x, sizeof x);

    memcpy(&x, &i, sizeof (int));
    print_hex("x (copied from i)", &x, sizeof x);
    printf("x (%%f format) = %f\n", x);
    printf("x (%%g format) = %g\n", x);

    return 0;
}
```

내 x86 시스템의 출력은 다음과 같습니다.

```
i (set to 10) = 0a000000
x (set to 0.0) = 0000000000000000
x (copied from i) = 0a00000000000000
x (%f format) = 0.000000
x (%g format) = 4.94066e-323
```

당신이의 값이 볼 수 있듯이 `double` 매우 작은 제로에 충분히 가까이. (당신은 자세한 내용은 IEEE 부동 소수점 형식의 참조 상담 가능) `"%f"` 로 인쇄를 `0.000000`.

동작이 정의되어 있지 않음을 다시 한 번 강조하겠습니다. 즉, 언어 표준이 프로그램 동작에 "요구 사항을 부과하지 않음"을 의미합니다. 바이트 순서, 부동 소수점 표현 및 인수 전달 규칙의 변형은 결과를 크게 변경할 수 있습니다. 컴파일러 최적화조차도 영향을 줄 수 있습니다. 컴파일러는 프로그램의 동작이 잘 정의되어 있다고 가정하고 해당 가정에 따라 변환을 수행 할 수 있습니다.

그래서 *제발* 내가 여기에 쓴 모든 (첫 번째와 마지막 단락이 아닌)를 무시 주시기 바랍니다.

problem 4: Duplicate symbol error

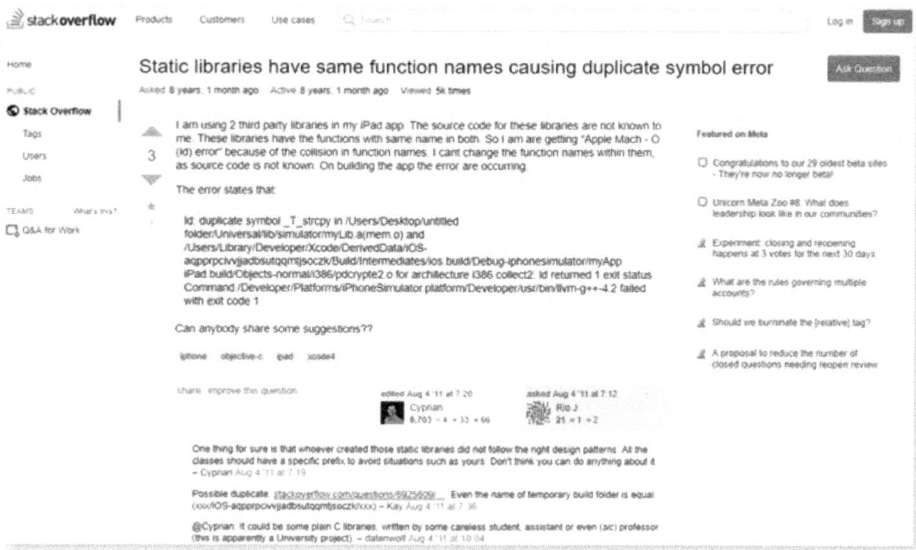

stackoverflow Products Customers Use cases Log in Sign up

Home
PUBLIC
Stack Overflow
Tags
Users
Jobs
TEAMS What's this?
Q&A for Work

Static libraries have same function names causing duplicate symbol error

Ask Question

Asked 8 years, 1 month ago Active 8 years, 1 month ago Viewed 5k times

3

I am using 2 third party libraries in my iPad app. The source code for these libraries are not known to me. These libraries have the functions with same name in both. So I am are getting "Apple Mach - O (ld) error" because of the collision in function names. I cant change the function names within them, as source code is not known. On building the app the error are occurring.

The error states that:

```
ld: duplicate symbol _T_strcpy in /Users/Desktop/untitled
folder/Universal/lib/simulator/myLib.a(mem.o) and
/Users/Library/Developer/Xcode/DerivedData/iOS-
agpprpcivvjjadbsutqqmtjsoczk/Build/Intermediates/ios.build/Debug-iphonesimulator/myApp
iPad.build/Objects-normal/i386/pdcrypte2.o for architecture i386 collect2: ld returned 1 exit status
Command /Developer/Platforms/iPhoneSimulator.platform/Developer/usr/bin/llvm-g++-4.2 failed
with exit code 1
```

Can anybody share some suggestions??

iphone objective-c ipad xcode4

share improve this question

edited Aug 4 '11 at 7:20 Cyprian 6,703 4 33 66

asked Aug 4 '11 at 7:12 Rio J 21 1 2

One thing for sure is that whoever created those static libraries did not follow the right design patterns. All the classes should have a specific prefix to avoid situations such as yours. Don't think you can do anything about it – Cyprian Aug 4 '11 at 7:19

Possible duplicate: stackoverflow.com/questions/6925609/... Even the name of temporary build folder is equal (xxx/iOS-agpprpcivvjjadbsutqqmtjsoczk/xxx) – Kay Aug 4 '11 at 7:36

@Cyprian: it could be some plain C libraries, written by some careless student, assistant or even (sic) professor (this is apparently a University project). – datenwolf Aug 4 '11 at 10:04

Featured on Meta

- Congratulations to our 29 oldest beta sites - They're now no longer beta!
- Unicorn Meta Zoo #8: What does leadership look like in our communities?
- Experiment: closing and reopening happens at 3 votes for the next 30 days
- What are the rules governing multiple accounts?
- Should we burninate the [relative] tag?
- A proposal to reduce the number of closed questions needing reopen review

solution:

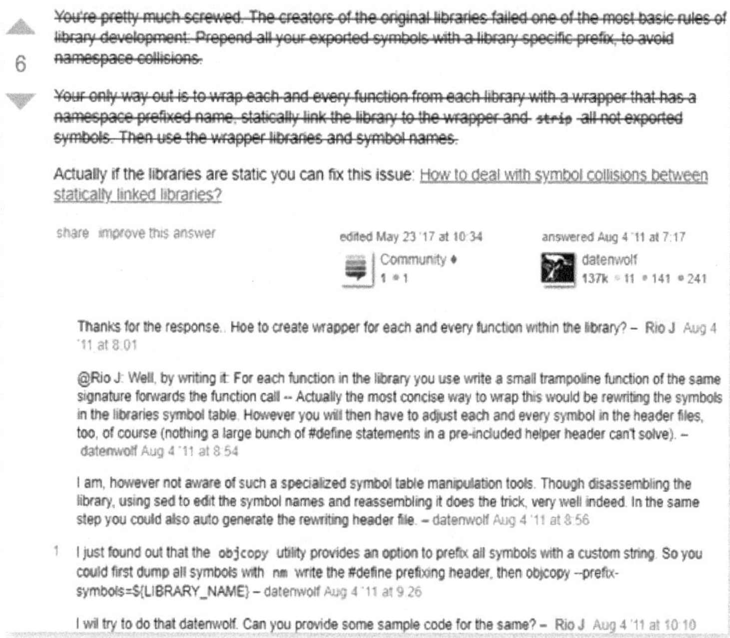

6

~~You're pretty much screwed. The creators of the original libraries failed one of the most basic rules of library development: Prepend all your exported symbols with a library specific prefix, to avoid namespace collisions.~~

~~Your only way out is to wrap each and every function from each library with a wrapper that has a namespace prefixed name, statically link the library to the wrapper and `strip` all not exported symbols. Then use the wrapper libraries and symbol names.~~

Actually if the libraries are static you can fix this issue: How to deal with symbol collisions between statically linked libraries?

share improve this answer

edited May 23 '17 at 10:34 Community ♦ 1 1

answered Aug 4 '11 at 7:17 datenwolf 137k 11 141 241

Thanks for the response.. Hoe to create wrapper for each and every function within the library? – Rio J Aug 4 '11 at 8:01

@Rio J: Well, by writing it: For each function in the library you use write a small trampoline function of the same signature forwards the function call -- Actually the most concise way to wrap this would be rewriting the symbols in the libraries symbol table. However you will then have to adjust each and every symbol in the header files, too, of course (nothing a large bunch of #define statements in a pre-included helper header can't solve). – datenwolf Aug 4 '11 at 8:54

I am, however not aware of such a specialized symbol table manipulation tools. Though disassembling the library, using sed to edit the symbol names and reassembling it does the trick, very well indeed. In the same step you could also auto generate the rewriting header file. – datenwolf Aug 4 '11 at 8:56

1 I just found out that the `objcopy` utility provides an option to prefix all symbols with a custom string. So you could first dump all symbols with `nm` write the #define prefixing header, then objcopy --prefix-symbols=${LIBRARY_NAME} – datenwolf Aug 4 '11 at 9:26

I wil try to do that datenwolf. Can you provide some sample code for the same? – Rio J Aug 4 '11 at 10:10

problem 4: 중복 기호 오류

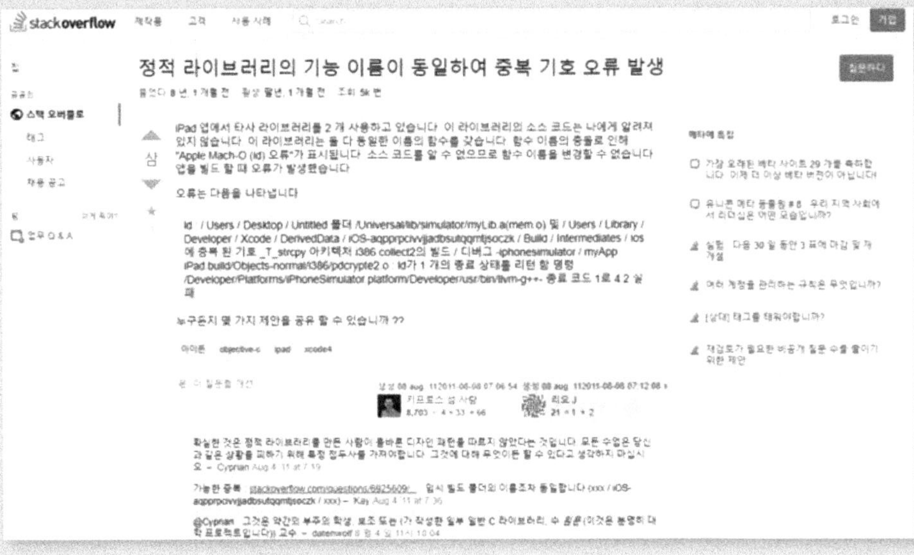

solution:

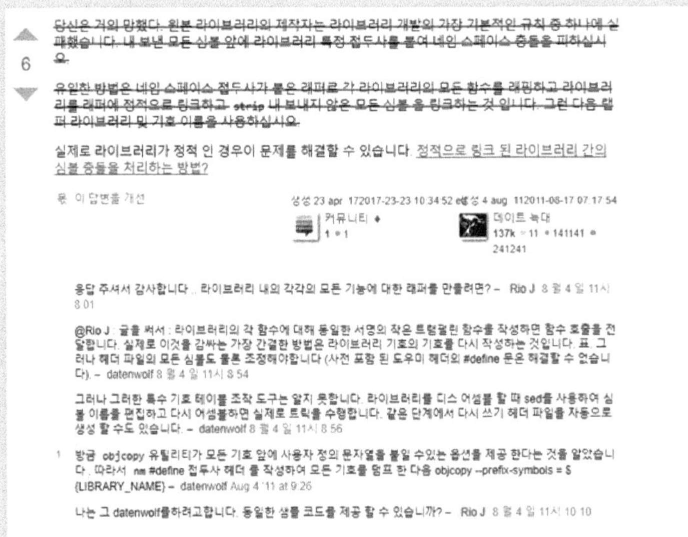

3.3 Reading Recommendations

- A Little C Primer/Common Programming Problems in C
  링크: https://en.wikibooks.org/wiki/A_Little_C_Primer/Common_Programming_Problems_in_C
- stackoverflow
  링크: https://stackoverflow.com/

- Inspection: Duplicated code fragment
  링크: https://www.jetbrains.com/help/idea/analyzing-duplicates.html
- 메모리와 포인터의 중대한 오류 예시
  링크: https://nonamelight.tistory.com/40
- Confusing variable names
  링크: https://www.exakat.io/confusing-variable-names/
- How often do professional programmers use Stack Overflow?
  링크: https://www.quora.com/How-often-do-professional-programmers-use-Stack-Overflow

CHAPTER

4

Searching information at Wiki

Sentence of this week

"You don't start communities. Communities already exist.
The question to ask is how you can help them do that better"

_Mark Zuckerberg

이주의 명언

"너는 커뮤니티를 시작하지 않았다. 커뮤니티들은 이미 존재하고 있다.
네가 질문하는 것들은 커뮤니티가 더 잘되게 도와주게 된다."

_마크 주커버그

4.1 Wikipedia

4.1.1 Wikipedia means

The simplest online database that could possibly work ('wiki wiki' means 'rapidly' in the Hawaiian language). Wiki is a piece of server software that allows users to freely create and edit web page content using ant web browser. Open editing encourages democratic use of the Web and promotes content composition by non technical users.

- A free content, multilingual encyclopedia written collaboratively by contributors around the world
- The site is a Wiki: anybody can edit and add to an article. Offers quick understanding on controversial issues. String in current affairs. (Google search: define: Wikipedia)

4.1.1 위키피디아

작업 가능한 가장 간단한 온라인 데이터베이스("wiki wiki는 하와이안어로 '빠르게'라는 뜻이다) 위키피디아는 사용자가 웹 브라우저를 통해 웹 페이지를 자유롭게 만들고 수정할 수 있게 하는 서버 소프트웨어이다. 자유로운 편집은 비전문가들의 컨텐츠 구성을 활발하게 하고 웹의 자유로운 사용을 장려한다.

- 무료 콘텐츠, 전 세계 참여자들의 협력으로 작성된 다중 언어 백과사전
- 위키 사이트: 누구나 수정하거나 기사를 추가할 수 있다. 논쟁이 있는 이슈에 대해 빠른 이해를 제공한다. 현재 시사를 잘 다룬다. (google 검색: 정의: Wikipedia)

democratic	민주적인, 민주주의의
multilingual	여러 나라 말을 하는, 다언어의, 다국적 언어의
encyclopedia	백과사전
contributor	기여, 공헌자, 기고가
controversial	논란의, 논쟁의, 문제의, 갈등을 빚고 있는
affair	문제, 일, 사건, 행사

4.1.2 Wikipedia's dream

'Imagine a world in which every single person on the planet is given free access to the sum of all human knowledge. That's what we' re doing.'(Jimmy Wales, founder of Wikipedia, Masters in Finance, and nearly a PhD)

- Goal:250,000 articles in every language spoken natively by at least 1m people

4.1.2 위키피디아의 목표

'지구의 모든 사람이 모든 개인의 지식에 무료로 접근할 수 있는 세상을 상상해봐. 그게 우리가 하고 있는 일이야.' (지미 웨일즈, 위키피디아 창시자, 금융학 석사, 박사학위 예정)

- 목표: 최소한 백만 이상의 사람이 사용하는 언어별로 250,000개의 게시글을 가지는 것

planet	행성, the planet은 지구를 의미
masters	석사학위
PhD	박사학위

4.1.3 How good is Wikipedia?

A study compared Wikipedia with Encyclopedia Britannica

- Wikipedia had an average of 4 errors per article and Britannica 3
- Wikipedia followed up on errors after the study, whereas Britannica just got defensive (according to Jimmy Wales)

4.1.3 위키피디아가 얼마나 좋은가?

브리태니커 백과사전과 위키피디아 비교해보기

- 위키피디아의 경우 한 개의 기사당 평균 4개의 오류가 있었고 브리태니커의 경우 한 개 기사당 평균 3개의 오류가 있었다.
- 위키피디아는 오류를 학습한 이후 후속 조치한다. 반면에 브리태니커의 경우 방어적인 태도를 취한다(위키피디아 개발자 지미 웨일즈).

Britannica	브리태니커 대백과사전, 가장 오래된 영어로 쓰인 백과사전
defensive	방어적인, 옹호하는

4.1.4 Difference between English and Korean

More information in same keyword (English: Artificial Intelligence)

Contents [hide]

1 History
2 Definitions
3 Basics
4 Problems
  4.1 Reasoning, problem solving
  4.2 Knowledge representation
  4.3 Planning
  4.4 Learning
  4.5 Natural language processing
  4.6 Perception
  4.7 Motion and manipulation
  4.8 Social intelligence
  4.9 General intelligence
5 Approaches
  5.1 Cybernetics and brain simulation
  5.2 Symbolic
  5.3 Sub-symbolic
  5.4 Statistical learning
  5.5 Integrating the approaches
6 Tools
  6.1 Search and optimization
  6.2 Logic
  6.3 Probabilistic methods for uncertain reasoning
  6.4 Classifiers and statistical learning methods
  6.5 Artificial neural networks
  6.6 Evaluating progress
7 Applications
  7.1 Healthcare
  7.2 Automotive
  7.3 Finance and economics
  7.4 Government
  7.5 Video games
  7.6 Military
  7.7 Audit
  7.8 Advertising
  7.9 Art
8 Philosophy and ethics
  8.1 The limits of artificial general intelligence
  8.2 Potential harm
  8.2 Potential harm
  8.3 Ethical machines
  8.4 Machine consciousness, sentience and mind
  8.5 Superintelligence
9 Economics
10 In fiction
11 See also
12 Explanatory notes
13 References
  13.1 AI textbooks
  13.2 History of AI
  13.3 Other sources
14 Further reading
15 External links

▶ 같은 키워드에 대한 자세한 정보(영어: 인공지능)

목차 [숨기기]

1 철학적 관점의 인공지능
  1.1 강인공지능(strong AI, 범용인공지능, AGI)과 약인공지능(weak AI)[2]
    1.1.1 강인공지능(범용인공지능)
    1.1.2 강인공지능에 대한 철학적인 주장과 반론
2 역사
  2.1 인공지능 이론의 발전
  2.2 인공지능의 탄생(1952-1956)
    2.2.1 인공두뇌학과 초기 신경 네트워크
    2.2.2 튜링 테스트
    2.2.3 게임 인공지능
    2.2.4 상징 추론과 논리 이론
    2.2.5 다트머스 컨퍼런스 1956년 : AI의 탄생
  2.3 황금기(1956~1974년)
    2.3.1 작업들
      2.3.1.1 탐색 추리
      2.3.1.2 자연어 처리
      2.3.1.3 마이크로월드
    2.3.2 낙관론
    2.3.3 자금
  2.4 AI의 첫번째 암흑기(1974-1980)
    2.4.1 문제
    2.4.2 자금 지원의 중단
    2.4.3 캠퍼스 전역의 비판들
    2.4.4 퍼셉트론과 연결망의 어두운 시대
    2.4.5 깔끔이 : 논리, 프롤로그와 전문가 시스템
    2.4.6 지저분이 : 프레임과 스크립트
  2.5 Boom 1980-1987
    2.5.1 전문가 시스템의 상승
    2.5.2 지식 혁명
    2.5.3 돈은 되돌아온다 : 5세대 프로젝트
    2.5.4 신경망 이론의 복귀
  2.6 AI의 두번째 암흑기 1987-1993
    2.6.1 인공지능의 겨울
    2.6.2 몸통을 갖는 것의 중요성: Nouvellle AI and embodied reason
  2.7 AI 2018-현재
    2.7.1 Milestones and Moores' Law
    2.7.2 지능형 에이전트
    2.7.3 Victory of the neats
    2.7.4 AI behind the scenes
    2.7.5 HAL 9000은 어디에 있는가?
    2.7.6 인공지능과 4차 산업혁명
  2.8 실험적인 AI 연구
3 인공지능 기술의 실용적인 응용
  3.1 인공지능의 이론적인 결과
4 언어
5 유명인사
  5.1 지능적 기계
  5.2 인공지능 연구가
6 관련 서적
7 같이 보기
8 각주
9 외부 링크

4.1.5 Let's see keyword 'C language' in Wiki

The origin of C is closely tied to the development of the Unix operating system, originally implemented in assembly language on a PDP-7 by Dennis Ritchie and Ken Thompson, incorporating several ideas from colleagues. Eventually, they decided to port the operating system to a PDP-11. The original PDP-11 version of Unix was also developed in assembly language. Thompson needed a programming language to make utilities. At first, he tried to make a Fortran compiler, but soon gave up the idea and made a new language, B, Thompson's simplified version of BCPL. However, few utilities were written in B because B was too slow, and B could not take advantage of PDP-11 features such as byte addressability.

In 1972, Ritchie started to improve B, which resulted in creating a new language C. The C compiler and some utilities made with it were included in Version 2 Unix. At Version 4 Unix released at Nov. 1973, the Unix kernel was extensively re-implemented by C. By this time, the C language had acquired some powerful features such as struct types. Unix was one of the first operating system kernels implemented in a language other than assembly. Earlier instances include the Multics system (which was written in PL/I) and Master Control Program(MCP) for the Burroughs B5000(which was written in ALGOL) in 1962. In around 1977, Ritchie and Stephen C, Johnson made further changes to the language to facilitate portability of the Unix operating system. Johnson's Portable C Compiler served as the basis for several implementation of C on new platforms.

4.1.5 위키에서 'C language'를 찾아보자

C언어의 기원은 원래 Dennis Ritchie와 Ken Thompson의 대학 친구들의 여러 아이디어를 통합하여 PDP-7에서 어셈블리어로 수행되기 위한 Unix 운영체제 개발에 밀집하게 연관되어 있다. 최종적으로 그들은 운영체제 시스템을 PDP-11로 옮기기로 결정했다. 원래 PDP-11 버전의 유닉스도 또한 어셈블리어로 개발되었다. Thompson은 프로그래밍 언어는 새로운 플랫폼을 위해 다양한 유틸리티를 개발하길 원했다. 처음으로 그는 포트란 컴파일러를 개발하려고 했으나 곧 포기하였다. 대신에 그는 최근에 개발된 BCPL 시스템 프로그래밍 언어의 경량화 버전을 만들었다. 그때 BCPL 공식 설명은 사용할 수 없었으며, Thompson은 구문을 더 알기 쉽게 수정하여 비슷하지만 다른 B를 만들었다. 그러나 너무 느렸고 B는 바이트 주소지정성과 같은 장점을 사용하지 못하였기 때문에 B로 작성된 유틸리티는 거의 없었다.

1972년, Ritchie는 B를 향상시키기 시작했고 새 언어 C를 만들었다. C 컴파일러와 같이 만들어진 몇몇 유틸리티들은 유닉스 버전 2에 포함되어 있다. 유닉스 버전 4가 공개된 1973년 11월에 유닉스 커널은 C로 재작성 되었다. 이때, C언어는 구조체 타입과 같은 몇 가지 강력한 특징을 가지게 된다. 유닉스는 어셈블리어가 아닌 언어로 수행된 초의 운영체제 시스템 커널 중 하나이다. 이전 예로는 1961년에 PL/I로 작성된 Multics 시스템과 ALGOL로 작성된 Buroughs B500을 위한 마스터 컨트롤 프로그램(MCP)이 있다. 1977년 쯤에 Ritchie와 stephen C. Johnson은 유닉스 운영 시스템의 이식성을 용이하게 하기 위해 언어를 추가 변경하였다. Johnson의 휴대용 C 컴파일러는 새로운 플랫폼에서 여러 C 구현의 기반이 되었다.

origin	기원, 시작, 태상, 원산, 유래
PDP-7, PDP-11	디지털 이큅먼트 코퍼레이션(DEC)가 판매한 미니 컴퓨터 시리즈로 PDP 시리즈의 제품
addressability	번지에 의해 지시할 수 있는
utility	유틸리티, 유틸리티 소프트웨어, 편의 프로그램, 소프트웨어의 하나로 컴퓨터 동작에 필수적이지는 않지만 컴퓨터를 이용하는 주 목적에 대한 부차적인 일부 특정 작업을 수행하는 소프트웨어를 두루 가리키는 말
release	배포하다, 발표하다, 공개하다, 발매하다, 출시하다
extensively	광범위하게, 널리
Multics system	현대 운영체제에 큰 영향을 미친 초기 시분할 운영체제
Burroughs B5000	1960년에 설계된 버로스 라지 시스템 그룹의 ALGOL 60기반의 컴퓨터
ALGOL	알골, Algorithmic Language의 준말, 포트란에 대항하여 유럽을 중심으로 개발된 프로그래밍 언어
facilitate	활성화, 용이, 가능하게, 촉진하다
portability	이식성, 이동성, 휴대성
implementation	구현

4.1.6 Let's see keyword 'Raspberry Pi' in Wiki

The Raspberry Pi is a series of small single-board computers developed in the United Kingdom by the Rasberry Pi Foundation to promote teaching of basic computer science in schools and in developing countries. The original model became far more popular than anticipated. selling outside its target market for uses such as robotics. It does not include peripherals (such as keyboards and mice) or cases. However, some accessories have been included in several official and unofficial bundles.

The organization behind the Raspberry Pi consists of two arms. The first two models were developed by the Raspberry Pi Foundation. After the Pi Model B was released, the Foundation. After the Pi Model B was released, the Foundation set up Raspberry Pi Trading, with Eben Upton as CEO, to develop the third model, the B+. Raspberry Pi Trading is responsible for developing the technology while the Foundation is an educational charity to promote the teaching of basic computer science in schools and in developing countries.

According to the Raspberry Pi Foundation, more than 5 million Raspberry Pis were sold by February 2015, making it the best-selling British computer. By November 2016 the had sold 11 million units, and 12.m by March 2017, making it the third best-selling "general purpose computer". In July 2017, sales reached nearly 15 million. In March 2018, sales reached 19 million. Most Pis are made in a Sony factory in Pencoed, Wales. Some are made in China and Japan.

4.1.6 '라즈베리파이'를 위키피디아에 검색해보자!

라즈베리파이는 라즈베리파이 재단에 의해 개발도상국 학교들에게 기초적인 컴퓨터 과학을 교육하기 위해 영국에서 개발한 작은 싱글-보드 컴퓨터의 종류이다. 오리지널 모델은 예상보다 더 인기가 많았으며, 로보틱스 용도로 목표한 시장 외에 판매하고 있다. 라즈베리파이는 주변 장치(키보드, 마우스) 또는 케이스를 포함하지 않는다. 그러나 몇몇 악세사리들은 여러 공식, 비공식 번들에 포함되어 있다.

라즈베리파이는 2개의 조직이 관리하고 있다. 처음 두 개의 모델은 라즈베리파이 재단에 의해 개발되었다. 라즈베리파이 모델 B가 출시되고 이후, 재단은 CEO인 Eben Upton과 함께 세 번째 모델 B+를 개발하기 위해 라즈베리파이 트레이딩을 설립했다. 라즈베리파이 트레이딩은 기술 개발에 책임이 있는 반면 재단의 경우 학교와 개발도상국에서 기본적인 컴퓨터 과학의 교육을 촉진하기 위한 교육 자선단체이다.

라즈베리파이 재단에 따르면, 5백만 대 이상의 라즈베리파이가 2015년 2월에 팔렸으며, 영국 컴퓨터 최고 판매를 기록했다. 2016년 11월 천백만 대를 팔았고 2017년 3월에 천이백오십만 대로 "일반 컴퓨터" 중 3번째로 가장 많이 팔렸다. 2017년 7월 판매량이 천오백만 대에 근접했다. 2018년에는 천구백만 대에 근접하였다. 대부분의 라즈베리파이는 영국 웨일즈 펜코드의 소니 공장에서 만들어졌다. 나머지는 중국과 일본에서 생산됐다.

anticipate	예상하다
peripherals	주변 장치
unofficial	비공식적인
bundle	번들, 묶음, 묶다, 끼워팔다
organization	조직, 기관, 단체, 기구, 구성
foundation	재단, 창립, 토대, 기반
responsible	책임이 있는, 담당의

4.1.7 Let's see keyword 'CNN'in Wiki

In deep learning, a convolutional neural network (CNN, or ConvNet) is a class of deep neural networks, most commonly applied to analyzing visual imagery. CNNs are regularized versions of multilayer perceptrons. Multilayer perceptrons usually mean fully connected networks, that is, each neuron in one layer is connected to all neurons in the next layer. The "fully connectedness" of these networks makes them prone to overfitting data. Typical ways of regularized include adding some from of magnitude measurement of weights to the loss function. However, CNNs take a different approach towards regularization: they take advantage of the hierarchical pattern in data and assemble more complex patterns using smaller and simpler patterns. Therefore, on the scale of connectedness and complexity, CNNs are on the lower extreme.

They are also known as shift invariant or space invariant artificial neural networks(-SIANN), based on their shared-weights architecture and translation invariance characteristics.

Convolutional networks were inspired by biological processes in that the connectivity pattern between neurons resembles the organization of the animal visual cortex. Individual cortical neurons respond to stimuli only in a restricted region of the visual field known as the receptive field. The receptive field of different neurons partially overlap such that they cover the entire visual field.

CNNs use relatively little pre-processing compared to other image classification algorithms. this means that the network learns the filters that in traditional algorithms were hand-engineered. This independence from prior knowledge and human effort in feature design is a major advantage.

They have applications in image and video recognition, recommender systems, image classification, medical image analysis, and natural language processing.

4.1.7 위키에서 'CNN'을 검색해보자

딥러닝에서 합성 곱 신경망 네트워크는 깊은 신경망 네트워크 종류 중 하나로, 일반적으로 시각적 이미지 처리에 사용된다. CNN은 다층 퍼셉트론의 정규화된 버전이다. 다층 퍼셉트론은 주로 모두 연결된 네트워크를 의미한다. 즉, 한 층의 모든 뉴런은 다음 층의 모든 뉴런과 연결되어 있다. 이러한 네트워크의 "fully-connectedness"는 데이터를 과적합하기 쉽다. 일반적인 정규화 방법은 손실 함수에 가중치 측정 폼을 추가한다. 그러나 CNN은 정규화하기 위해 다른 접근법을 가진다: 데이터의 계층적 패턴을 이용하고 작고 간단한 특징을 이용하여 더 복잡한 패턴을 모은다. 그러므로 연결성과 복잡성의 규모에서 CNN은 매우 낮다.

CNN은 공유 가중치 구조와 번역 불변 특징에 기반하여 이동 불변 또는 공간 불변 인공 신경망으로 잘 알려져 있다. 합성 곱 네트워크는 뉴런들 사이의 연결 패턴이 동물의 시각 피질 조합과 비슷하다는 점에서 생물학적 처리에 영감을 받았다. 개별 피질 뉴런은 사람의 수용적인 영역에서 잘 알려진 제한된 시각 영역과 유사하게 반응한다. 서로 다른 뉴런의 수용적인 영역 전체 시야를 보안할 수 있도록 서로 겹쳐진다.

CNN은 다른 이미지 분류 알고리즘에 비해 전처리를 거의 사용하지 않는다. 이는 수작업으로 개발된 전통적인 알고리즘인 필터를 네트워크가 학습한다는 의미이다. 특징 디자인의 사전 지식과 인력의 독립성은 주요한 장점이다. 이를 이용한 애플리케이션은 이미지, 비디오 인식, 추천 시스템, 이미지 분류, 의학적 이미지 분석, 자연어 처리가 있다.

deep learning	딥러닝, 심층학습, 입력과 출력 사이에 있는 인공 뉴런들을 여러 겹으로 쌓고 연결한 인공 신경망 기법을 주로 다루는 연구
regularized	~을 규칙적으로 하다, 합법화하다, 조정하다
perceptron	퍼셉트론, 인공 신경망의 한 종류로 가장 간단한 형태의 선형 분류기
overfitting	오버피팅, 과적합, 기계학습에서 학습 데이터를 과하게 학습하는 것
complexity	복잡도
extreme	극단적인, 극도의, 극심한
invariant	불변의, 불변식
connectivity	연결성, 접속 가능성, 커넥티비티
prior	전의, 앞서, 직전의, 기존의
recognition	인식, 평가, 승인, 인정

4.1.8 Let's see keyword 'Facebook' in Wiki

Facebook, Inc. is an American online social media and social networking service company based in Menlo Park, California. It was founded by Mark Zuckerberg , along with fellow Harvard College students and roommates Eduardo Saverin, Andrew Mccollum, Dustin Moskovitz and Chris Hughes. It is concidered one of the Big Four technology companies along Amazon, Apple, and Google.

The founders initially limited the website's membership to Harvard students and subsequently Columbia, Stanford, and Yale students. Membership was eventually expanded to the remaining Ivy League schools, MIT, and higher education institutions in the Boston area, then various other universities, and lastly high school students. Since 2006, anyone who claims to be at least 13 years old has been allowed to become a registered user of Facebook, though this may vary depending on local laws. The name comes from the face book directories often given to American university students. Facebook held its initial public offering (IPO) in February 2012, valuing the company at $104 billion, the largest valuation to date for a newly listed public company. Facebook makes most of its revenue from advertisements that appear onscreen and in users' News Feeds.

The Facebook service can be accessed from devices with Internet connectivity, such as personal computers, tablets and smartphones. After registering, users can create a customized profile revealing information about themselves. They can post text, photos and multimedia which is shared with any other users that have agreed to be their "friend", or, with a different privacy setting, with any reader. Users can also use various embedded apps, join common-interest groups, and receive notifications of their friends' activities. Facebook claimed that had more than 2.3 billion monthly active users as of December 2018. However, it faces a big problem of fake accounts. It caught 3 billion fake accounts in the last quarter of 2018 and the first quarter of 2019. Many critics questioned whether Facebook knows how many actual users it has. Facebook is one of the world's most valuable companies.

It receives prominent media coverage, including many controversies. These often involve user privacy (as with the Cambridge Analytica data scandal), political manipulation (as with the 2016 U.S. elections), psychological effects such as addiction and low self-esteem, and content that some users find objectionable, including fake news, conspiracy theories, and copyright infringement. Commentators have accused Facebook of helping to spread false information and fake news. In 2017, Facebook partnered with fact checkers from the Poynter Institute's International Fact-Checking Network to identify and mark false content, though most ads from political candidates are exempt from this program. Critics of the program accuse Facebook of not doing enough to remove false information from its website.

Facebook offers other products and services. It acquired Instagram, WhatsApp, Oculus, and GrokStyle and independently developed Facebook Messenger, Facebook Watch, and Facebook Portal.

4.1.8 위키에서 'Facebook'을 검색해보자!

페이스북 주식회사는 캘리포니아 멘로파크에 있는 미국 온라인 소셜 미디어와 소셜 네트워킹 서비스 회사이다. 마크 주커버그와 하버드 대학교 친구들 및 룸메이트인 Eduardo Saverin, Andrew McCollum, Dustin Moskobitz과 Chris Hugehes와 같이 설립했다. 아마존, 애플, 구글과 함께 4개의 IT 대기업 중 하나로 여겨진다.

설립자들은 초기에 하버드 학생들만을 위해 웹 사이트 멤버십을 제한하였으며, 순차적으로 콜롬비아, 스탠포드, 예일 학생들까지 허용했다. 멤버십은 결국 아이비리그, MIT, 보스턴 지역의 고등 교육기관 그리고 다양한 대학들, 마지막으로 고등학교 학생들까지로 확장되었다. 2006년 이후 13세 이상의 사람은 Facebook에 등록할 수 있었지만, 이는 지역 주 법에 따라 달랐다. 페이스북 이름은 미국 대학생들에게 주어지는 페이스북 디렉터리에서 출발했다. Facebook은 2012년 2월에 IPO(초기 상장)를 개최하여 회사를 새로 상장한 공공 회사의 최대 평가액인 1,040억 달러로 평가했다. Facebook은 화면과 사용자의 "뉴스 피드"에 나타나는 "광고"를 통해 대부분 수익을 창출한다.

페이스북 서비스는 개인용 컴퓨터, 태블릿 및 스마트폰과 같은 인터넷 연결 기능이 있는 장치에서 사용할 수 있다. 페이스북에 등록하면 사용자는 자신에 대한 정보를 표기할 수 있는 프로파일을 수정할 수 있다. 사용자들은 "친구"로 동의한 사용자들과 공유되는 문자, 이미지, 멀티미디어를 게시할 수 있다. 사용자는 다양한 임베디드 앱을 사용하고 공통 관심사 그룹에 참여하며 친구의 활동 알림도 받을 수 있다.

페이스북은 2018년 12월 기준으로 매달 23억 명 이상의 활성 사용자가 있다고 주장했다. 그러나 가짜 계정 문제가 있다. 2018년 4분기와 2019년 1분기에 30억 개의 가짜 계정을 발견했다. 많은 비평가들은 페이스북이 실제 사용자 수를 알고 있는지에 대해 의문을 제기했다. 페이스북은 세계에서 가장 귀중한 회사 중 하나이다.

페이스북은 많은 논란에 휩싸이기도 하고 저명한 언론에서 많이 보도된다. 여기에는 종종 사용자 개인정보, 정치적 조작, 중독 및 자존감 감소와 같은 심리적 영향, 가짜 뉴스, 음모 등 일부 사용자가 불쾌감을 느끼는 내용이 포함된다. 또한, 페이스북은 페이지에서 허위 정보를 제거하지 않아 계속 논쟁이 발생했다. 코멘터들은 페이스북이 허위 정보와 허위 뉴스를 퍼뜨리는 데 도움이 된다고 말했다. 페이스북은 다른 제품 및 서비스를 제공한다. 인스타그램, 왓츠앱, 오큘러스, 그 로크 스타일을 인수하고 페이스북 메신저, 페이스북 시계, 페이스북 포털을 독립적으로 개발했다.

membership	회원, 멤버십
eventually	결국, 마침내, 최종적으로
claim	주장하다, 말하다, 요구하다, 제기하다
revenue	매출, 수입, 수익, 세입, 순이익
advertisement	광고
prominent	유명한, 탁월한, 뛰어난, 두드러진
controversy	논란, 논쟁, 갈등, 문제, 의혹
involve	포함하다, 관련하다, 참여하다
scandal	스캔들, 사건, 의혹, 추문, 비리
manipulation	조작, 속임수, 교묘한 조작
psychological	심리학의, 정신의
addiction	중독
self-esteem	자부심, 자존감, 자긍심
objectionable	이의가 있는, 반대할 만한
theory	이론
infringement	위반, 침해, 위배
commentator	해설가, 주석자
exempt	면제하다, 면제된, 면해주다
critic	비평가, 비판가, 비난, 전문가

4.1.9 Let's see keyword 'League of Legends' in Wiki

League of Legends (abbreviated LoL) is a multiplayer online battle arena video game developed and published by Riot Games for Microsoft Windows and macOS. The game follows a freemium model and is supported by microtransactions, and was inspired by the Warcraft III: The Frozen Throne mod, Defense of the Ancients.

In League of Legends, players assume the role of an unseen "summoner" that controls a "champion" with unique abilities and battle against a team of other players or computer-controlled champions. The goal is usually to destroy the opposing team's "Nexus", a structure that lies at the heart of a base protected by defensive structures, although other distinct game modes exist as well. Each League of Legends match is discrete, with all champions starting off relatively weak but increasing in strength by accumulating items and experience over the course of the game. The champions and setting blend a variety of elements, including high fantasy, steampunk, and Lovecraftian horror.

League of Legends was generally well received upon its release in 2009, and has since grown in popularity, with an active and expansive fanbase. By July 2012, League of Legends was the most played PC game in North America and Europe in terms of the number of hours played. In January 2014, over 67 million people played League of Legends per month, 27 million per day, and over 7.5 million concurrently during peak hours. League has among the largest footprints of any game in streaming media communities on platforms such as YouTube and Twitch.tv; it routinely ranks first in the most-watched hours. In September 2016, the company estimated that there are over 100 million active players each month. The game's popularity has led it to expand into merchandise, with toys, accessories, apparel, as well as tie-ins to other media through music videos, web series, documentaries, and books.

League of Legends has an active and widespread competitive scene. In North America and Europe, Riot Games organizes the League Championship Series (LCS), located in Los Angeles and the League of Legends European Championship (LEC), located in Berlin, respectively, each of which consist of 10 professional teams. Similar regional competitions exist in China (LPL), South Korea (LCK), and various other regions. These regional competitions culminate with the annual World Championship. The 2017 World Championship had 60 million unique viewers and a total prize pool of over US$4 million. The 2018 Mid-Season Invitational had an overall peak concurrent viewership of 19.8 million, while the finals had an average concurrent viewership of 11 million.

4.1.9 위키피디아에서 '리그 오브 레전드'를 검색해보자

▶ 리그 오브 레전드는 윈도우와 macOS에서 작동되고 라이엇 게임즈에서 개발하고 배포하는 다중 사용자 온라인 싸움 아레나 비디오 게임이다. 이 게임은 무료 게임 모델과 가상 재화를 판매하며, 워크래프트3: 얼어붙은 왕좌 모드인 Defense of the Ancients에 영감받았다. 리그 오브 레전드에서 플레이어는 보이지 않는 "소환사"의 역할을 맡아 독특한 능력을 가진 "챔피언"을 제어하고 다른 플레이어 또는 컴퓨터 제어 챔피언 팀과의 전투를 한다. 목표는 다른 독특한 게임 모드도 일반적으로 존재하지만, 상대팀의 방어 구조로 보호되는 기지의 중심에 있는 "넥서스"를 방어하는 것이다. 각 리그 오브 레전드 매치는 이산적이며, 모든 챔피언은 상당히 약하게 시작하지만 게임 과정에서 아이템과 경험을 축적하여 힘을 키운다. 챔피언과 설정은 '하이 판타지', '스팀 펑크', '러브 크래프트식 공포' 등 다양한 요소를 혼합한다.

롤은 2009년에 출시 된 후 호평을 받았으며 그 이후로 활발하고 광대한 팬층으로 인기가 높아졌다. 2012년 7월에는 " 리그 오브 레전드"가 북미와 유럽에서 시간당 플레이수가 가장 많은 PC게임이다. 2014년 1월에는 월간 6,700만 명이 넘는 사람들이 한 달에 그리고 2700만 명이 하루에, 사람이 가장 많은 시간에 750만 명이 게임을 했다. 롤은 유튜브 및 트위치 티비와 같은 플랫폼에서 가장 큰 규모의 게임이다. 사람들이 가장 많이 보는 게임 1위를 차지한다. 2016년 9월, 회사는 매달 1억 명 이상의 활동적인 플레이어가 있다고 추정했다. 이 게임의 인기로 인해 뮤직비디오, 웹 시리즈, 다큐멘터리 및 서적을 통해 장난감, 액세서리, 의류 및 기타 미디어와의 연계가 가능해졌다.

롤은 활발하고 광범위한 대회를 가지고 있다. 북미와 유럽에서는 라이엇 게임이 각각 LA에 있는 리그 챔피언십 시리즈(LCS)와 베를린에 위치한 리그 오브 레전드 유럽 챔피언십(LEC)을 조직하고 있으며, 각각 10개의 프로팀으로 구성되어 있다. 중국, 한국, 대만/홍콩/마카오 및 기타 여러 지역에서 유사한 지역 대회가 존재한다. 이 지역 대회는 매년 열리는 세계 선수권 대회로 끝난다. 2017년 월드 챔피언십은 6천만 명의 독보적인 시청자들과 4백만 달러 이상의 총 상금을 받았다. 2018년 시즌 중반 인비테이셔널은 1,980만 명의 동시 최고 시청률을 기록했고, 결승에서는 평균 1,100만 명의 동시 시청률을 기록했다.

arena	영역, 아레나, 장
freemium	프리미엄
microtransaction	마이크로트랜젝션, MTX, 사용자가 가상의 상품을 소액결제를 통해 구매하는 비즈니스 모델
inspire	영감을 주다, 격려하다
discrete	이산, 분리된, 별개의
steampunk	역사적 배경에 공상 과학이나 환상적인 요소를 가미한 문학 장르
Lovecraftian horror	러브 크래프트식 공포, 미지의 우주의 공포를 강조하는 공포 소설의 장르
popularity	인기, 인지도
fanbase	팬 베이스, 팬 기반의
merchandise	상품, 물품
tie-in	타이 인, 영화, 비디오 게임, TV 시리즈, 보드 게임, 웹 사이트, RPG등의 문학적 재산과 같은 미디어 자산을 기반으로 한 허구나 기타 제품. 원래 자산의 소유자가 승인한 것으로 해당 자산에서 추가 수입을 창출하고 가시성을 높이기 위해 주로 사용되는 교차 프로모션의 형태
widespread	널리 퍼진, 광범위한, 확산되는, 만연한, 일반적인

4.2 Reading Recommendations

- Wikipedia: the inside story, Andrea Rankin, June 2007
  링크: http://w3.unisa.edu.au/wag/resources/wikipedia.ppt
- Wikipedia Powerpoint
  링크: https://www.slideshare.net/ChadBalmuth/wikipedia-powerpoint
- 리그 오브 레전드 위키피디아
  링크: https://en.wikipedia.org/wiki/League_of_Legends
- C 언어 위키피디아
  링크: https://en.wikipedia.org/wiki/c_language
- 페이스북 위키피디아
  링크: https://en.wikipedia.org/wiki/facebook
- 라즈베리파이 위키피디아
  링크: https://en.wikipedia.org/wiki/raspberry_pi
- Convolution neural network 위키피디아
  링크: https://en.wikipedia.org/wiki/Convolution_neural_network

CHAPTER
5

Management career using Linkedin

Sentnece of this week

"Heaven helps those who help themselves."

_Samuel Smiles

이주의 명언

"하늘은 스스로 노력하는 자를 돕는다."

_새뮤얼 스마일스

5.1 Linkedin

5.1.1 What is Linkedin

Whether you're a marketing executive at a major company, a business owner who runs a small local shop or even a first year college student looking for their first job after graduating, LinkedIn is for anybody and everybody who's interested in taking their professional life more seriously by looking for new opportunities to grow their careers and to connect with other professionals.

You can think of LinkedIn as the high-tech equivalent of going to a traditional networking event where you go and meet other professionals in person, talk a little bit about what you do and exchange business cards. It's like one big virtual networking event.

On LinkedIn, you network with people by adding them as "connections," similar to how you'd make a friend request on Facebook. You converse via private message (or available contact information) and you have all of your professional experience and achievements laid out in a neatly organized profile to show off to other users.

LinkedIn is similar to Facebook in terms of its layout and broad feature offering. These features are more specialized because they cater to professionals, but in general, if you know how to use Facebook or any other similar social network, LinkedIn is somewhat comparable.

5.1.1 Linkedin은 무엇인가?

▶ 링크드인은 다른 전문가와 소통하고 그들의 커리어를 성장시킬 수 있는 기회를 제공하여 그들의 전문적인 직업에 대한 흥미를 가진 모든 사람들을 위한 것이다. 대기업 마케팅 책임자를 비롯하여 소규모 지역 상점 사장 또는 첫 직장을 찾는 대학생 모두를 위한 것이다.

링크드인을 전문가를 만나고 이야기 나누고 명함을 주고받는 것과 같은 전통적인 네트워킹 이벤트와 동일한 첨단 기술이라 생각할 수 있다. 마치 하나의 큰 가상 네트워크 이벤트와 같다. 페이스북에서 친구 요청을 하듯 사람들을 "연결"로 추가하여 네트워크를 구성한다. 개인 메시지(또는 사용 가능한 연락처)를 통해 대화하고 모든 종류의 전문적인 경험과 업적을 깔끔하게 정리된 프로필에 배치하여 타 사용자에게 보여준다. 링크드인은 페이스북과 유사한 레이아웃과 다양한 기능을 제공한다. 이러한 기능은 전문가에게 제공되므로 매우 특성화 되어 있지만 일반적으로 페이스북이나 기타 소셜 네트워크 사용 방법과 유사하다.

executive	임원, 대표, 경영자, 책임자
graduate	졸업하다, 대학원생의, 대졸자, 학사
equivalent	해당하는, 등가의, 동등한
converse	대화하다, 이야기하다, 반대
achievement	성취, 업적, 성적

5.1.2 There are a lot of hidden jobs out there

One of the major reasons that networking is such an effective way to get a job is that there is something of a hidden job market out there. Some estimate that as much as 80% of new jobs are never listed but are instead filled internally or via networking.

In fact, getting a referral for a job opening from someone who's already working with the company could give you pretty impressive odds. Only 7% of job applicants get this kind of referral, yet referrals make us 40% of new hires. Clearly, networking isn't just one potential route to finding a new job — it's actually the most effective path.

5.1.2 수많은 숨겨진 일자리가 있다.

▶ 인맥이 구직에 효과적인 방법인 주요 이유 중 하나는 숨겨진 채용 시장이 존재하기 때문이다. 무려 80%의 새로운 일자리들이 공표되지 않으며, 내부적으로나 인맥을 통해 충원된다.

사실 이미 그 회사에 일하고 있는 사람에게 추천을 받는다는 것은 꽤 강력한 인상을 심어 줄 수 있다. 오직 7% 지원자들만이 이러한 종류의 추천을 받지만, 이 방식은 전체 채용 인원의 40%를 차지한다. 명백히 인맥은 구직을 하는 데 있어 잠재적인 방법이 아닌 실제로 가장 효과적인 방법이다.

estimate	추정하다, 예상하다, 계산하다
impressive	인상적인, 놀라운, 인상깊은
odd	특이한, 인상한, 홀수의

5.1.3 Why Linkedin?

WHAT LINKEDIN?

LinkedIn is a social media platform geared to professionals. It enables you to network and to build your professional portfolio, but you can also go out into the world and look for a new job. Professionals who've been in business for decades use LinkedIn and so do newly minted college grads. It is also used by employers and recruiters who are looking for job candidates.

5.1.3 왜 linkedin 인가?

▶ 링크드인이란?

linkedin은 전문가를 위한 소셜 미디어 플랫폼이다. 네트워크(인맥)를 통해 전문적인 포트폴리오를 구축할 수 있을 뿐만 아니라 전세계의 새로운 직업을 찾을 수도 있다. 수십 년동안 사업을 해 온 전문가들은 linkedin을 사용하며 신규 대학 졸업생도 사용한다. 또한 구직자를 찾고 있는 고용주 및 채용 담당자도 사용한다.

portfolio	포트폴리오, 자산, 작품집
mint	만들어내다, 시도하다, 겨누다,
recruiter	리쿠르터, 스카우터, 신입을 모집하는 사람

A BRIEF INTRO TO LINKEDIN

Whether you're a marketing executive at a major company, a business owner who runs a small local shop or even a first year college student looking for their first job after graduating, LinkedIn is for anybody and everybody who's interested in taking their professional life more seriously by looking for new opportunities to grow their careers and to connect with other professionals.

You can think of LinkedIn as the high-tech equivalent of going to a traditional networking event where you go and meet other professionals in person, talk a little bit about what you do and exchange business cards. It's like one big virtual networking event. On LinkedIn, you network with people by adding them as "connections," similar to how you'd make a friend request on Facebook. You converse via private message (or available contact information) and you have all of your professional experience and achievements laid out in a neatly organized profile to show off to other users. LinkedIn is similar to Facebook in terms of its layout and broad feature offering. These features are more specialized because they cater to professionals, but in general, if you know how to use Facebook or any other similar social network, LinkedIn is somewhat comparable.

간단한 링크드인 소개

linkedin은 대기업 마케팅 책임자나 소규모 지역 상점 사장, 졸업 후 첫 직장을 찾는 대학생 등 경력을 키우고 다른 전문가들과 교류할 수 있는 새로운 기회를 모색하고자 하는 모든 사람들을 위한 것이다.

linkedin을 당신이 전문가를 만나고 이야기 나누며 명함을 주고 받는 것과 같은 전통적인 네트워킹 이벤트와 같은 첨단 기술이라 생각할 수 있다. 마치 하나의 큰 가상 네트워크 이벤트와 같다. 페이스 북에서 친구 요청을 하듯 사람들을 "link"로 추가하여 네트워크를 구성한다. 개인 메시지를 통해 대화하고 모든 종류의 전문적인 경험과 업적을 깔끔하게 정리된 프로필에 배치하여 타 사용자에게 보여준다. linkedin은 페이스북과 유사한 레이아웃과 다양한 기능을 제공한다. 이러한 기능은 전문가에게 제공되므로 매우 특성화 되어 있지만 일반적으로 페이스북이나 기타 소셜 네트워크 사용방법과 유사하다.

comparable	비교할 만한, ~에 비해, ~에 비슷한, ~에 해당하는

5.1.4 Linkedin's Main Features

- Home: Once you've logged in to LinkedIn, the home feed is your news feed, showing recent posts from your connections with other professionals and company pages you're following.
- Profile: Your profile shows your name, your photo, your location, your occupation and more right at the top. Below that, you have the ability to customize various different sections like a short summary, work experience, education and other sections similarly to how you might create a traditional resume or CV.
- My Network: Here you'll find a list of all the professionals you're currently connected with on LinkedIn. If you hover your mouse over this option in the top menu, you'll also be able to see a number of other options that will allow you to add contacts, find people you may know and find alumni.
- Jobs: All sorts of jobs listings are posted on LinkedIn everyday by employers, and LinkedIn will recommend specific jobs to you based on your current information, including your location and optional job preferences that you can fill out to get better-tailored job listings.

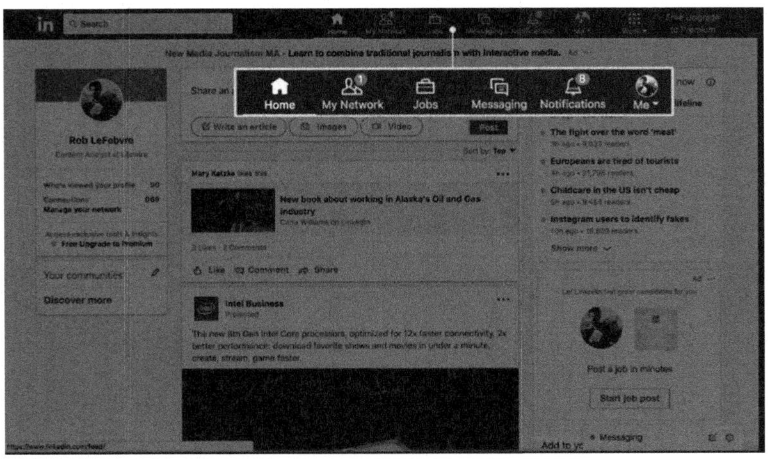

5.1.4 Linkedin의 주요 기능

- 홈: 링크드인에 로그인하면 홈 피드가 당신을 위한 뉴스피드가 되어 관심있는 다른 전문가 및 회사 페이지와의 최근 소식을 보여준다.
- 프로필: 당신의 프로필에는 당신의 이름과 사진, 거주지, 직업 등이 맨 위에 표시된다. 아래에 이어서 간단한 요약과 업무 경험, 교육을 비롯한 전통적인 이력서 작성법 등의 기타 섹션을 구성할 수 있다.
- 내 네트워크: 현재 링크드인에서 연결 되어있는 모든 전문가 목록이다. 상단 메뉴에서 이 옵션 위로 마우스를 가져가면 연락처를 추가하거나, 아는 사람을 찾고, 동문을 찾을 수 있는 여러 가지 다른 옵션을 볼 수 있다.
- 채용 정보: 모든 종류의 채용 정보는 고용주가 매일 링크드인에 게시하며, 당신이 선택적으로 입력한 위치나 선호 일자리 등의 현재 정보를 기반으로 맞춤형 채용 정보를 제공한다.

feed	사용자에게 자주 업데이트되는 콘텐츠를 제공하는데 쓰이는 용어
tailored	맞춤의, 맞추어진, 주문에 따라 맞춘

5.1.5 What You Can Use Linked (As an Individual)

SOME TIPS FOR BEGINNERS

1) Get back in touch with old colleagues!. You can use the My Network section to find old colleagues, teachers, people you went to school with and anyone else you might think is worth having in your professional network. Just enter or connect your email to sync your contacts with LinkedIn.

2) Use your profile as your resume!. Your LinkedIn profile basically represents a more complete (and interactive) resume. You can include it as a link perhaps in an email or your cover letter when you apply to jobs.

3) Find and apply to jobs!. Remember that LinkedIn is one of the best places to look for job postings online. You'll always get recommendations from LinkedIn about jobs you may be interested in, but you can always use the search bar to look for specific positions too.

4) Find and connect with new professionals!. It's great to get back in touch with old colleagues and connect with everyone at your current workplace who may also be on LinkedIn, but what's even better is that you have the opportunity to discover new professionals either locally or internationally that may be able to help out.

5) Participate in relevant groups!. A great way to meet new professionals to connect with is to join groups based on your interests or current profession and start participating. Other group members may like what they see and want to connect with you.

5.1.5 linkedin으로 할 수 있는 것(개인)

초보자를 위한 몇가지 팁

1) 옛 동료들과 다시 연락하라! 자신의 네트워크 섹션을 사용하여 오랜 동료, 교사, 동문 및 전문 네트워크에 있다고 생각되는 사람을 찾을 수 있다. 단지 당신의 이메일을 입력하거나 연락처를 linkedin과 동기화 하면 된다.
2) 이력서로 프로필을 사용하라! linkedin 프로필은 기본적으로 보다 완벽한 (대화형) 이력서를 제공한다. 입사 지원 시 이메일이나 자기소개서에 링크로 포함시킬 수 있다.
3) 일자리를 찾고 지원하라! linkedin은 온라인에서 채용 공고를 찾을 수 있는 가장 좋은 장소 중 하나이다. linkedin에서 언제나 관심있는 채용 공고를 추천받을 수 있으며, 언제든지 검색을 통해 특정 일자리를 찾을 수 있다.
4) 새로운 전문가를 찾아 link하라! 옛 동료들과 연락을 취하고 linkedin의 현 직장 동료들과 교류하는 것도 좋은 일이나, 더 좋은 점은 도움이 될 수 있는 새로운 현지 또는 글로벌 전문가를 찾을 기회가 있다는 것이다.
5) 관련 그룹에 참여하라! 새로운 전문가와 교류하는 가장 좋은 방법은 관심사 또는 현재 직업을 기반으로 그룹에 가입하고 참여를 시작하는 것이다. 다른 그룹 회원이 내가 보고 좋아하는 것을 좋아할 수도 있다.

colleague	동료
recommendation	추천
opportunity	기회
discover	발견하다, 찾다
participate	참가하다, 참여하다, 동참하다, 참석하다
relevant	관련있는, 적절한, 연관된

5.1.6 Let's make account in Linkedin (2019.11)

1. To visit Linkedin homepage, create account

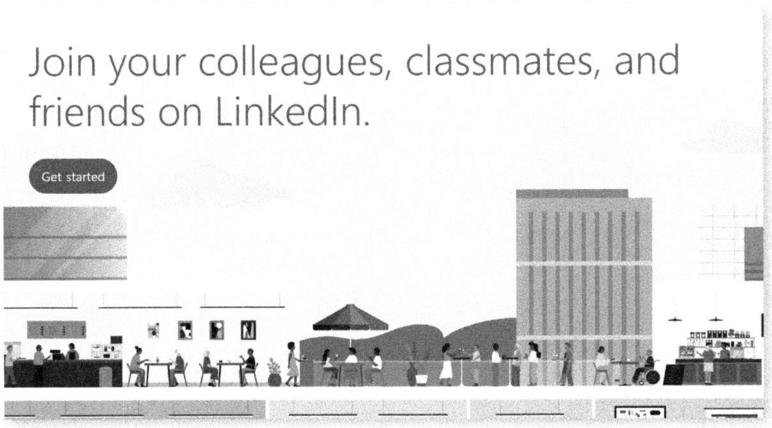

2. Create account(Fill in all required items, click the Subscribe Bottom button)

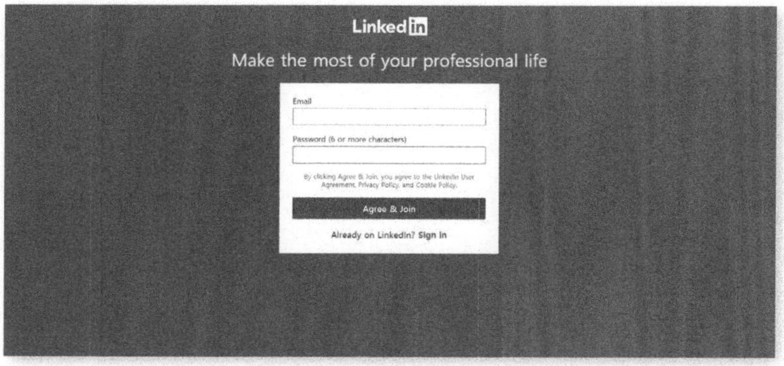

3. Write profile in your account(https://www.linkedin.com/help/linkedin)

5.1.6 링크드인에서 계정을 만들어 봅시다(2019.11)

1. Linkedin 홈페이지에 방문하시오.
2. 계정을 생성하시오(모든 필수 항목을 채우고, 아래의 가입 버튼을 누르시오).
3. 계정 프로필을 적으시오.

5.2 Reading Recommendations

- What Is LinkedIn and Why Should You Be on It?
  링크: https://www.lifewire.com/what-is-linkedin-3486382
- At least 70% of jobs are not even listed — here's how to up your chances of getting a great new
  링크: gighttps://www.businessinsider.com/at-least-70-of-jobs-are-not-even-listed-heres-how-to-up-your-chances-of-getting-a-great-new-gig-2017-4
- 링크드인
  링크: https://na.linkedin.com/

SOFTWARE **P**RACTICAL **E**NGLISH

CHAPTER

6

English manual reading

Sentence of this week

"Any code of your own that you haven't looked at for six or more months might as well have been written by someone else"

_Eagleson's Law

이주의 명언

"6개월 이상 보지 않은 자신의 코드는 다른 사람이 작성한 것일 수도 있습니다."

_이글슨의 법칙

6.1 What is Manual

6.1.1 Manual vs Guide vs Instruction

There is considerable overlap among the three, and to some extent they can be interchangeable. They can be coupled together or with other terms, as in instruction manual or reference guide. In addition, there are a number of similar terms like handbook, guidebook, primer, or vade mecum.

6.1.1 매뉴얼 vs 가이드 vs 인스트럭션

이 세가지는 상당한 중복성이 존재하며 어느정도 상호 교환이 가능하다. 인스트럭션 매뉴얼이나 참조 가이드와 같이 다른 용어와 결합하여 사용할 수 있다. 또한, 핸드북, 가이드북, 프라이머, 베이드 메컴과 같은 유사 용어가 많이 존재한다.

considerable	상당한, 꽤
overlap	겹침, 중복, 오버랩, 겹치다, 중복되다, 일치하다
extent	정도, 범위, 한도, 지역
interchangeable	교체 가능한, 호환성이 있는
instruction	설명, 교육, 지시, 방법, 교본
reference	참고, 자료, 기준, 표준, 지칭
vade mecum	편람, 안내서, 항시 휴대품

6.1.2 Manual

Manual refers specifically to a reference document which provides detailed information about operation and maintenance of a product. Manufacturers will often provide an official manual for a product to provide assistance to its owners or users: cars, for example, usually come with an owner's manual, machinery with an operator's manual, and official documentation for Unix programs with manual pages.

6.1.2 매뉴얼

▶ 매뉴얼은 구체적인 제품의 작동 및 유지 보수에 대한 상세한 정보를 제공하는 참고 문서를 말한다. 제조업체는 종종 소유자 또는 사용자에게 도움을 주기 위해 제품에 대한 공식 매뉴얼을 제공한다. 예를 들어, 자동차에는 일반적으로 소유자 매뉴얼, 기계 장치에는 운영자 매뉴얼, 유닉스 프로그램에는 매뉴얼 페이지가 공식 문서로 제공된다.

refer	말하다, 언급하다, 뜻하다, 가리키다
specifically	특히, 구체적으로, 명확하게
maintenance	유지보수, 관리, 유지, 보수, 정비
manufacturer	제조업체, 제조업자, 생산자
assistance	지원, 원도, 도움, 보조, 조력
machinery	기계, 장치, 조직, 기구

6.1.3 Guide

Guide is a more generic term. Whereas manual implies a written document, one that could be a booklet for a video game or a large book for a complex product such as a car, a guide can be just a card, or in another medium altogether such as a video. It may be a detailed reference, but it can also indicate a very simple overview or instructions for a small subset of features.

Because "manual" has connotations of dense, boring text, some manufacturers or technical writers prefer the label "guide" for what would traditionally be called a "manual."

6.1.3 가이드

▶ 가이드는 보다 일반적인 용어이다. 매뉴얼이 서면 문서를 의미한다면, 비디오 게임을 위한 소책자나 자동차와 같은 복잡한 제품을 위한 큰 책자 등과 같이 가이드는 카드 한 장일 수도 있고, 비디오와 같은 다른 매체일 수도 있다. 자세한 참고 내용을 다루기도 하지만 아주 간단한 개요나 지침을 나타낼 수도 있다.

매뉴얼에는 밀집하고 지루한 텍스트의 의미가 있어서 일부 제조업체나 기술 문서 작성자는 매뉴얼이라는 이름보다는 가이드라는 이름을 선호한다.

generic	일반적인
whereas	~임에 비하여
imply	암시하다, 함축하다
booklet	부클릿, 소책자, 팜플릿
cannotation	의미, 함축, 느낌, 이미지
dense	밀집한, 고밀도의
boring	지루한, 따분한, 지겨운

6.1.4 Instruction

Instructions is the most generic term, and may be synonymous with directions— step-by-step guidance on how to perform a specific task or function. A manual or guide will include many sets of instructions. Used alone, however, "instructions" can refer to the simplest explanatory text— push cap and twist to open, or use other door.

6.1.4 인스트럭션

인스터럭션은 가장 일반적인 용어로 특정 작업이나 기능을 수행하는 방법에 대한 단계별 지침 또는 지시와 동일한 의미라 할 수 있다. 매뉴얼이나 가이드에는 수많은 인스터럭션의 집합이 포함되어 있다. 인스터럭션이 단독으로 사용되는 경우에는 "뚜껑을 누르고 돌려 여시오"나 "다른 문을 이용하시오" 등과 같이 가장 간단한 설명 텍스트를 의미할 수 있다.

synonymous	동의어인, 유의어인, 뜻이 같은
explanatory	설명을 위한, 주석적인, 설명적인

6.1.5 Summarizing

Manual: focuses on the (Object device): How to operate it.

Guide: focuses on all the capacities of the device.

Instruction: focuses on leading you to do determined tasks on a device.

6.1.5 요약

- 매뉴얼: (특정 디바이스에 대한) 작동 방법에 중점을 둔다.
- 가이드: 디바이스의 모든 용량(역량)에 중점을 둔다.
- 인스터럭션: 디바이스에서 특정 작업을 수행하는 데 중점을 둔다.

capacity	용량, 능력, 가능성
lead	이끌다, 주도권, 선두, 앞서다
determine	결정하다

6.2 Install Visual Studio

6.2.1 Visual Studio Installation Manual

Microsoft Visual Studio is an integrated development environment (IDE) from Microsoft. Visual Studio uses Microsoft software development platforms such as Windows API, Windows Forms, Windows Presentation Foundation, Windows Store and Microsoft Silverlight. It can be used to develop console and graphical user interface application. Visual Studio supports different programming languages and allows the code editor and debugger to support nearly any programming language. The source code of Visual Studio contain 50 million lines of code.

▶ 마이크로소프트 비주얼 스튜디오는 마이크로소프트 사의 통합 개발 환경(IDE)이다. 비주얼 스튜디오는 윈도우 API와 윈도우 폼, 윈도우 프리젠테이션 파운데이션, 윈도우 스토어, 마이크로소프트 실버라이트와 같은 마이크로소프트 소프트웨어 개발 플랫폼을 사용한다. 콘솔 및 그래픽 사용자 인터페이스(GUI) 응용 프로그램을 개발하는 데 사용한다.

비주얼 스튜디오는 다양한 프로그래밍 언어를 지원하며 거의 모든 프로그래밍 언어를 지원하는 코드 편집기와 디버거를 포함한다. 비주얼 스튜디오의 소스코드는 5천만 줄의 코드로 구성된다.

console	괄호, 틀 등을 의미하는 불어에서 온 영어 단어. 비디오 게임 콘솔이나 제어 콘솔, 운영 콘솔 등으로 쓰임. 보통 우리가 흔하게 칭하는 콘솔은 명령 프롬프트 같은 텍스트 기반 터미널을 의미함.
debugger	디버거, 디버깅 도구로 다른 프로그램을 테스트하고 디버그하는데 쓰이는 프로그램

Step 1) Visual Studio can be downloaded from the following link https://visualstudio.microsoft.com/downloads/ In this tutorial, we will install the Professional Edition

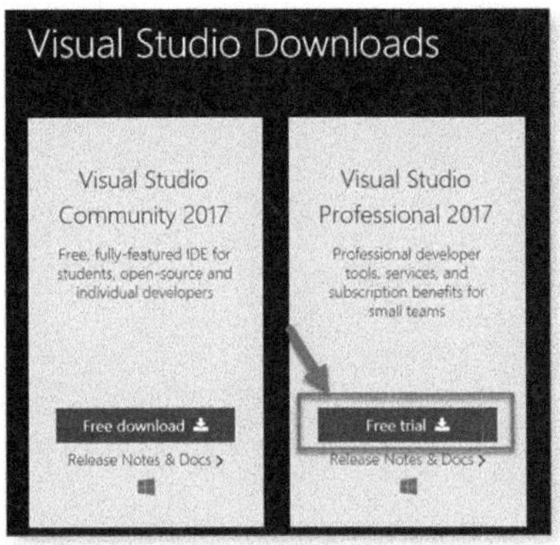

▶ 1단계) 비주얼 스튜디오는 다음의 링크를 통해 다운로드할 수 있다. https://visualstudio.microsoft.com/downloads/ 이 튜토리얼에서는 프로페셔널 에디션을 설치한다.

edition 판, 일종의 버전과 유사한 개념

Step 2) Click on the downloaded exe file

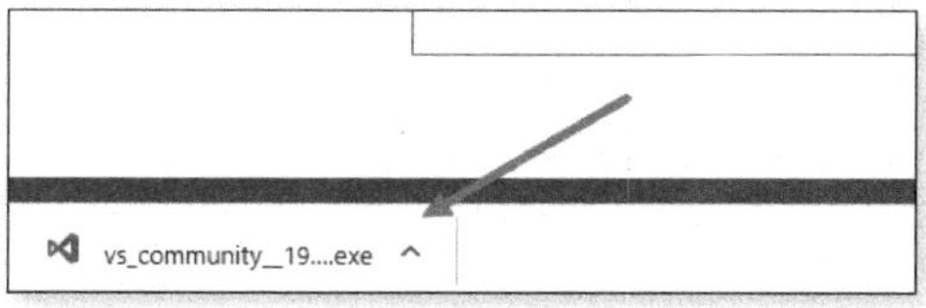

▶ 2단계) 다운로드한 exe 실행 파일을 클릭하시오.

Step 3) In the next screen, click continue

▶ 3단계) 다음 화면에서 계속을 클릭하시오.

Step 4) Visual Studio will start downloading the initial files. Download speed will vary as per your internet connection.

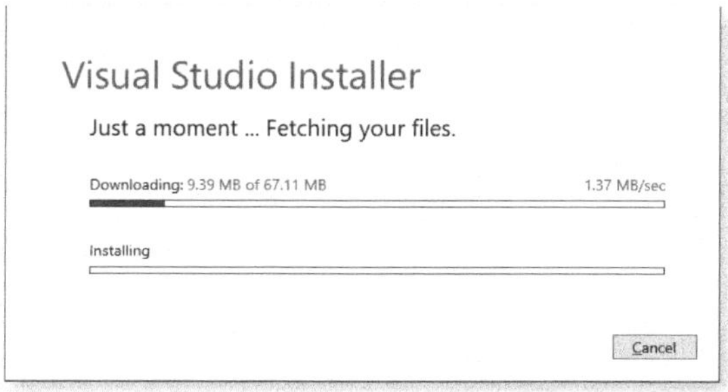

▶ 4단계) 비주얼 스튜디오가 초기 파일을 다운로드 하기 시작한다. 다운로드 속도는 인터넷 연결 상황에 따라 다를 수 있다.

Step 5) In next screen, clock install

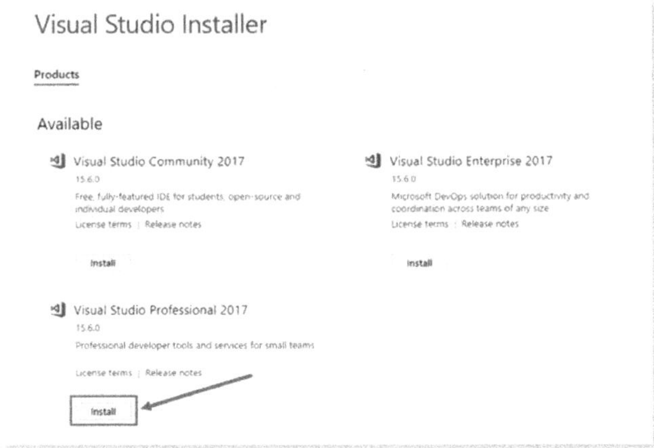

▶ 5단계) 다음 화면에서 설치를 클릭하시오.

Step 6) I next screen,

1. select ".Net desktop development"

2. Click install

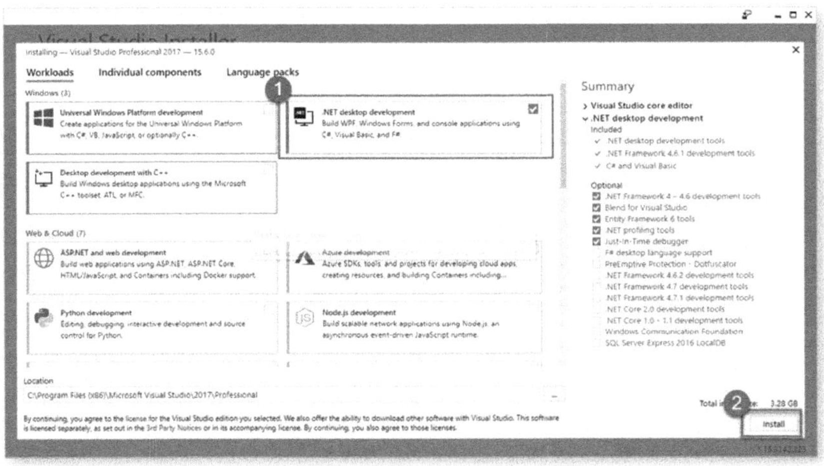

▶ 6단계) 다음 화면에서

1. "닷넷 데스크탑 개발"을 선택 하시오.

2. 설치를 클릭하시오.

Step 7) Visual Studio will download the relevant files based on the selection in step 6

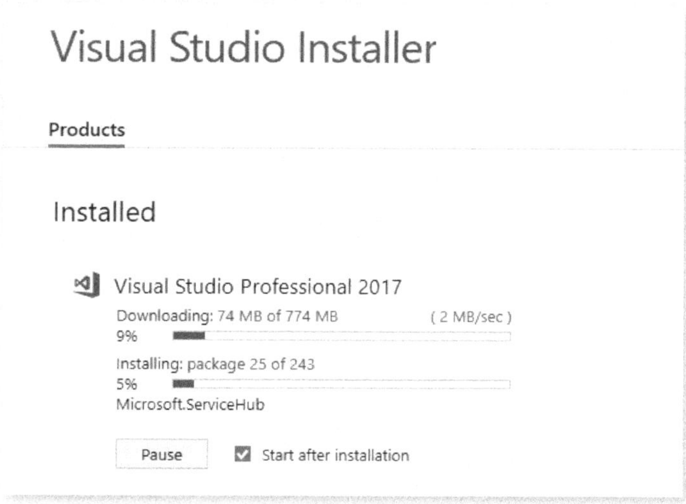

▶ 7단계) 6단계에서 선택한 내용에 따라 비주얼 스튜디오에서 관련 파일을 다운로드 한다.

Step 8) Once the download is done, you will be asked to reboot the PC

▶ 8단계) 다운로드가 완료되면 PC를 재부팅하라는 메시지가 표시된다.

Step 9) Post reboot, open the Visual Studio IDE

1. Select a theme of your choice
2. Click start Visual Studio

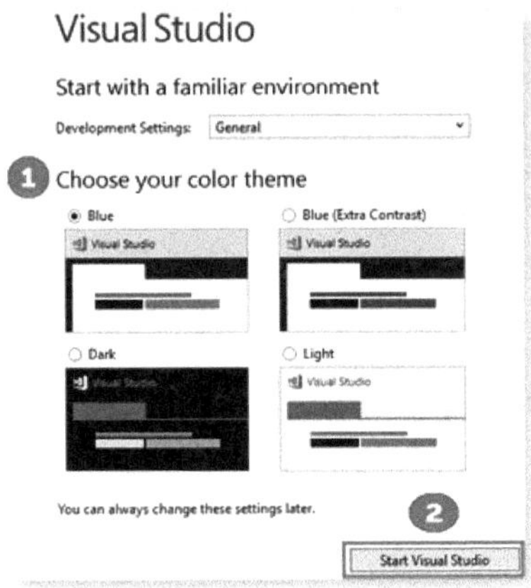

> ▶ 9단계) 재부팅 후, 비주얼 스튜디오 IDE을 여시오
> 1. 원하는 테마를 선택하시오.
> 2. "비주얼 스튜디오 시작하기"를 클릭하시오.

Step 10) In Visual Studio IDE, you can navigate to File menu to create new C# applications.

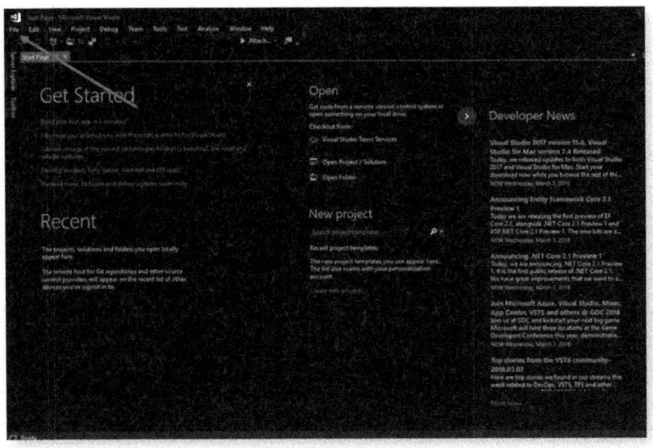

> ▶ 10단계) 비주얼 스튜디오 IDE에서 파일 메뉴로 이동하여 새 C# 응용 프로그램을 만들 수 있다.

6.3 Computer Assembly

6.3.1 Computer Assembly Manual

Computer assembly is a large part of a technician's job.

- Work in a logical, methodical manner when working with computer components
- Improve computer assembly skills dramatically with practice

6.3.1 컴퓨터 조립 매뉴얼

▶ 컴퓨터 조립은 기술직의 큰 부분이다.

- 컴퓨터 부품을 다룰 때에는 논리적이고 체계적인 방식으로 작업
- 연습으로 컴퓨터 조립 기술을 극적으로 향상

logical	논리적인
methodical	조직적인, 질서 있는, 정연한
manner	방식, 매너, 태도, 습관
assembly	조립
dramatically	극적으로, 획기적, 급격하게

6.3.2 Open the Case

Prepare the workspace before opening case:

- Adequate lighting
- Good ventilation
- Comfortable room temperature
- Workbench accessible from all sides
- Avoid cluttering workbench
- An antistatic mat on the table
- Small containers to hold screws and other small parts

There are different methods for opening cases. To learn how, consult the user manual or manufacturer's website.

6.3.2 케이스를 여시오

▶ 케이스를 열기 전에 작업 공간을 확보 하시오

- 적절한 조명
- 환기가 잘되는 곳
- 편안한 실내 온도
- 모든 방향에서 접근 가능한 작업대
- 복잡한 작업대를 피하시오
- 테이블 위에 정전기 방지 매트
- 나사나 기타 작은 부품을 담을 수 있는 작은 용기

케이스를 여는 방법에는 여러 가지가 있다. 매뉴얼이나 제조사의 웹 사이트를 참조하여 배우시오.

workspace	작업 공간, 워크스페이스
adequate	적당한, 충분한
ventilation	환기, 통기
comfortable	편안한, 쾌적한
workbench	작업대
avoid	피하다, 회피하다, 자제하다, 예방하다
clutter	혼란, 어질러놓다, 소란을 피우다
antistatic	정전기 방지제, 정전기를 방지하는

6.3.3 Install the Power Supply

Power supply installation steps include the following:

1) Insert the power supply into the case

2) Align the holes in the power supply with the holes in the case

3) Secure the power supply to the case using the proper screws

6.3.3 전원 공급 장치(파워 서플라이) 설치

전원 공급 장치 설치 단계는 아래와 같다.

1) 전원 공급 장치를 케이스에 삽입

2) 전원 공급 장치의 구멍을 케이스의 구멍에 맞춤.

3) 적절한 나사를 이용하여 전원 공급 장치를 케이스에 고정

power	전력
power supply	전원 공급장치
screw	나사

6.3.4 Attach Components to the Motherboard

As part of an upgrade or repair, a technician may need to attach components to the motherboard, and then install the motherboard.

6.3.4 마더보드(메인보드)에 부품 연결

업그레이드나 수리하는 경우, 기술자는 부품들을 메인보드에 부착한 후 메인보드를 설치해야 할 필요가 있을 수 있다.

attach	포함하다, 부착하다, 달다, 붙이다, 연결
upgrade	업그레이드, 개선, 향상
repair	수선, 수리, 치료하다, 고치다, 수선하다

6.3.5 CPU on Motherboard

The CPU and motherboard are sensitive to electrostatic discharge so use a grounded antistatic mat and wear an antistatic wrist strap.

- CAUTION: When handling a CPU, do not touch the CPU contacts.
- The CPU is secured to the socket on the motherboard with a locking assembly.

6.3.5 메인보드에 CPU

CPU와 메인보드는 정전기에 민감하므로 접지가 된 정전기 방지 매트를 사용하고, 정전기방지 팔찌를 착용 하라.

- 주의: CPU를 다룰 때에는 CPU 접점(핀)을 만지지 마시오.
- CPU는 잠금 장치로 메인보드 소켓에 고정된다.

sensitive	민감한, 섬세한
electrostatic	정전기의
discharge	방출하다, 제대하다, 해고하다, 이행하다
grounded	접지가 된
contact	접점, 접촉

6.3.6 Thermal Compound

- Thermal compound helps to keep the CPU cool.
- To install a used CPU, clean it and the base of the heat sink with isopropyl alcohol to remove the old thermal compound.
- Follow manufacturer's recommendations about applying the thermal compound.

6.3.6 열 화합물 (써멀컴파운드, 써멀구리스)

- 써멀컴파운드는 CPU 온도를 낮게 유지하는데 도움을 준다.
- 중고 CPU을 설치하기 위해서는 방열판 바닥의 기존 써멀컴파운드를 이소프로필 알코올을 이용하여 청소하시오.
- 써멀컴파운드 사용은 제조사 권장사항을 따르시오.

thermal	열의, 뜨거운
compound	화합물, 복합의, 합성물, 혼합물

6.3.7 Heat Sink/Fan Assembly

- The Heat Sink/Fan Assembly is a two-part cooling device.
- The heat sink draws heat away from the CPU.

• The fan moves the heat away from the heat sink.

• The heat sink/fan assembly usually has a 3- pin power connector.

6.3.7 방열판/팬(쿨링 팬, 냉각 팬) 조립 부품

- 방열판/팬 조립 부품은 두 부분으로 구성된 냉각 장치이다.
- 방열판은 CPU에서 열을 빼낸다.
- 팬은 방열판에서 열을 멀리 이동시킨다.
- 방열판/팬 조립 부품에는 일반적으로 3핀 전원 커넥터가 있다.

sink 개수대, 자연 강하, 여기서는 열을 떨어뜨리기 위한 장치

6.3.8 Install CPU and Heat Sink/Fan Assembly

1) Align the CPU so that the Connection 1 indicator is lined up with Pin 1 on the CPU socket.

2) Place the CPU gently into the socket.

3) Close the CPU load plate and secure it by closing the load lever and moving it under the load lever retention tab.

4) Apply a small amount of thermal compound to the CPU and spread it evenly. Follow the application instructions provided by the manufacturer.

5) Line up the heat sink/fan assembly retainers to the holes on the motherboard.

6) Place the heat sink/fan assembly onto the CPU socket, being careful not to pinch the CPU fan wires.

7) Tighten the heat sink/fan assembly retainers to secure the assembly in place.

8) Connect the heat sink/fan assembly power cable to the header on the motherboard.

6.3.8 CPU와 방열판/팬 조립부품의 설치

1) 연결 1 표시자와 CPU 소켓의 1번 핀을 맞추어 CPU를 정렬하시오.

2) CPU를 부드럽게 소켓에 삽입하시오.

3) CPU 로드 플레이트를 닫고, 로드 레버를 닫아 로드 레버 고정 탭 아래로 이동하여 고정하시오.

4) CPU에 적은 분량의 써멀 컴라운드를 넓게 펴 바르시오. 제조업체에서 제공한 적용 지침을 따르시오.

5) 방열판/팬 조립부품의 고정장치를 메인보드 구멍에 맞추시오.

6) CPU 팬 와이어(전선)가 끼지 않도록 주의하면서 방열판/팬 조립부품을 CPU 소켓에 놓으시오.

7) 방열판/팬 조립부품의 고정 장치를 조여 제자리에 고정하시오.

8) 방열판/팬 조립부품의 전원 케이블을 메인보드의 헤더에 연결하시오.

align	정렬하다, 맞추다, 일렬, 관련
indicator	표시자, 표지자, 지표, 지수, 기준
pinch	집다, 꼬집다, 한줌
wire	전선, 배선, 배선하다
tighten	조이다
retainer	고정장치

6.3.9 Install RAM

- RAM provides temporary data storage for the CPU while the computer is operating.
- RAM should be installed in the motherboard before the motherboard is placed in the computer case.
- RAM installation steps:

1) Align the notches on the RAM module to the keys in the slot and press down until the side tabs click into place.

2) Make sure that the side tabs have locked the RAM module and visually check for exposed contacts.

6.3.9 RAM 설치

- RAM은 컴퓨터가 동작하는 동안 CPU에 임시 데이터 저장 공간을 제공한다.
- RAM은 메인보드가 컴퓨터 케이스에 장착되기 전에 메인보드에 설치되어야 한다.
- RAM 설치 단계:

1) RAM 모듈의 노치를 슬롯의 키에 맞추고, 측면 탭이 제자리에 고정될 때까지 아래로 누른다.

2) 측면 탭이 RAM 모듈을 잠그고, 노출 된 접점이 있는지 육안으로 확인한다.

temporary	임시의
notch	단계, 등급
slot	슬롯, 자리, 홈
expose	노출하다, 보이다, 드러내다

6.3.10 The Motherboard

- The motherboard is now ready to install in the computer case.
- Plastic and metal standoffs are used to mount the motherboard and to prevent it from touching the metal portions of the case.
- Install only the standoffs that align with the holes in the motherboard.
- Installing any additional standoffs may prevent the motherboard from being seated properly in the computer case.

6.3.10 마더 보드(메인보드)

- 이제 메인보드를 컴퓨터 케이스에 설치할 준비가 되었다.
- 메인보드가 케이스의 금속 부분에 닿지 않도록 플라스틱과 금속 스탠드오프(격리 애자)를 메인보드에 장착한다.
- 메인보드 구멍에 맞는 스탠드오프만 사용한다.
- 추가 스탠드오프를 설치하는 경우 컴퓨터 케이스에 메인보드가 올바르게 장착되지 않을 수 있다.

plastic	플라스틱
standoff	절연체
prevent	방지하다, 막다, 예방하다, 금지하다
seat	자리, 자리잡다

6.3.11 Install Motherboard

1) Install standoffs in the computer case.

2) Align the I/O connectors on the back of the motherboard with the openings in the back of the case.

3) Align the screw holes of the motherboard with the standoffs.

4) Insert all of the motherboard screws.

5) Tighten all of the motherboard

6.3.11 메인보드 설치

1) 컴퓨터 케이스에 스탠드오프 설치

2) 메인보드 뒷면의 I/O 커넥터를 케이스 뒷면 구멍에 맞춤

3) 메인보드의 나사 구멍을 스탠드오프에 맞춤

4) 메인보드 나사 삽입

5) 나사를 조여 메인보드를 고정

I/O	Input Output, 입출력

6.3.12 Install Internal Drives

Drives that are installed in internal bays are called internal drives.

A hard disk drive (HDD) is an example of an internal drive.

HDD INSTALLATION STEPS:

1) Position the HDD so that it aligns with the 3.5-inch drive bay.

2) Insert the HDD into the drive bay so that the screw holes in the drive line up with the screw holes in the case.

3) Secure the HDD to the case using the proper screws.

6.3.12 내장 드라이브 설치

- 내부 베이에 설치된 드라이브를 내장 드라이브라고 한다.
- 하드 디스크 드라이브(HDD)가 내장 드라이브의 예이다.

HDD 설치 단계:

1) 3.5인치 드라이브 베이에 맞춰 HDD를 배치

2) 드라이브의 나사 구멍과 케이스의 나사 구멍이 겹치도록 HDD를 드라이브 베이에 삽입

3) 적절한 나사를 사용하여 HDD를 케이스에 고정

internal	내부의
bay	배이, 구획, 주변 장치를 설치하기 위해 마련된 공간
drive	드라이브, 구동 장치

6.3.13 Install Drives in External Bays

- Drives, such as optical drives (CD and DVD) and floppy drives, are installed in drive bays that are accessed from the front of the case.
- Optical drives and floppy drives store data on removable media.
- Drives in external bays allow access to the media without opening the case.

6.3.13 외부 베이에 드라이브 설치

- CD 또는 DVD와 같은 광학 드라이브(ODD) 및 플로피 드라이브와 같은 드라이브는 케이스 전면에서 접근 가능한 드라이브 베이에 설치한다.
- ODD 및 플로피 드라이브는 이동식 매체에 데이터를 저장한다.
- 외부 베이의 드라이브는 케이스를 열지 않고 미디어에 접근할 수 있도록 한다.

floppy	헐렁한, 축 늘어진
floppy drive	플로피 드라이브
removable	제거할 수 있는, 떼어낼 수 있는, 이동할 수 있는

6.3.14 Install the Video Adapter Card

- A video adapter card is the interface between a computer and a display monitor.
- An upgraded video adapter card can provide better graphic capabilities for games and graphic programs.

• Video adapter card installation steps:

1) Align the video adapter card to the appropriate expansion slot on the motherboard.

2) Press down gently on the video adapter card until the card is fully seated.

3) Secure the video adapter card PC mounting bracket to the case with the appropriate screw.

6.3.14 비디오 어댑터 카드 설치

- 비디오 어댑터 카드는 컴퓨터와 디스플레이 모니터 사이의 인터페이스이다.
- 업그레이드된 비디오 어댑터 카드는 그래픽 프로그램과 게임에 보다 나은 그래픽 기능을 제공한다.
- 비디오 어댑터 카드 설치 단계:

1) 비디오 어댑터 카드를 메인보드의 해당 확장 슬롯에 맞춤

2) 비디오 어댑터 카드가 완전히 장착될 때까지 부드럽게 누름

3) 적절한 나사를 이용하여 비디오 어댑터 카드의 PC 마운팅 브래킷을 케이스에 고정

adapter	아답터, 어댑터
capability	능력, 가능성, 재능
expansion	확장, 증설
gently	부드럽게, 천천히, 살며시
appropriate	적절한, 적합한, 적정한

6.3.15 Connect Internal Cables

• Power cables are used to distribute electricity from the power supply to the motherboard and other components.

• Data cables transmit data between the motherboard and storage devices, such as hard drives.

• Additional cables connect the buttons and link lights on the front of the computer case to the motherboard.

6.3.15 내부 케이블 연결

- 전원 케이블은 전원 공급 장치(파워 서플라이)에서 메인보드와 기타 부품으로 전기를 분배하는데 사용된다.
- 데이터 케이블은 메인보드와 HDD와 같은 저장장치 사이에서 데이터를 전송한다.
- 추가 케이블은 컴퓨터 케이스 전면의 단추와 링크 라이트(LED 전등)등을 메인보드에 연결한다.

distribute	나눠주다, 배포하다, 공급하다
electricity	전기, 전력, 전류

6.3.16 Connect Power Cables

- Motherboard Power Connections
- The Advanced Technology Extended
- (ATX) main power connector has either 20 or 24 pins.
- The power supply may also have a 4-pin or 6-pin Auxiliary (AUX) power connector that connects to the motherboard.
- A 20-pin connector will work in a motherboard with a 24-pin socket.

6.3.16 전원 케이블 연결

- 메인보드 전원 연결
- 고급 기술 확장
- (ATX) 주전원 커넥터에는 20핀과 24핀이 있다.
- 전원 공급 장치에는 메인보드에 연결되는 4핀 또는 6핀 보조(AUX) 전원 커넥터가 있다.
- 20핀 커넥터는 24핀 소켓이 있는 메인보드에서 작동한다.

ATX	x86 아키텍처 컴퓨터의 메인보드 표준 규격
auxiliary	보조의, 부
socket	소켓, 구멍, 연결, 콘센트

6.3.17 Connect Power Cables

- SATA Power Connectors use a 15-pin connector to connect to hard disk drives, optical drives, or any devices that have a SATA power socket.
- Molex Power Connectors are used by hard disk drives and optical drives that do not have SATA power sockets.
- CAUTION: Do not use a Molex connector and a SATA power connector on the same drive at the same time.
- 4-pin Berg Power Connector supplies power to a floppy drive.

6.3.17 전원 케이블 연결

- SATA 전원 커넥터는 15핀 커넥터를 사용하여 HDD와 ODD, 또는 SATA 전원 소켓이 있는 모든 장치에 연결한다.
- Molex 전원 커넥터는 SATA 전원 소켓이 없는 HDD 및 ODD에서 사용된다.
- 주의: 동일한 드라이브에 Molex 커넥터와 SATA 전원 커넥터를 동시에 사용하지 마시오.
- 4핀 Berg 전원 커넥터는 플로피 드라이브(FDD)에 전원을 공급한다.

Molex	IDE용 전원 커넥터

6.3.18 Power Connector Installation Steps

1) Plug the SATA power connector into the HDD.

2) Plug the Molex power connector into the optical drive.

3) Plug the 4-pin Berg power connector into the FDD.

4) Connect the 3-pin fan power connector into the appropriate fan header on the motherboard, according to the motherboard manual.

5) Plug the additional cables from the case into the appropriate connectors according to the motherboard manual.

6.3.18 전원 커넥터 설치 단계

1) SATA 전원 커넥터를 HDD에 연결

2) Molex 전원 커넥터를 ODD에 연결

3) 4핀 Berg 전원 커넥터를 FDD에 연결

4) 메인보드 설명서에 따라서 3핀 팬 전원 커넥터를 메인보드의 해당 팬 헤더에 연결

5) 메인보드 설명서에 따라 케이스의 적당한 커넥터에 추가 케이블을 연결

SATA	Serial Advanced Technology Attachment, 하드 디스크 혹은 광학 드라이브와 데이터 전송을 주요 목적으로 만든 BUS의 일종
HDD	하드 디스크 드라이브 (Hard Disk Drive)
FDD	플로피 디스크 드라이브 (Floppy Disk Drive), 컴퓨터 보조 기억장치의 일종

6.3.19 SATA Cables

- The SATA data cable has a 7-pin connector.
- One end of the cable is connected to the motherboard.
- The other end is connected to any drive that has a SATA data connector.

6.3.19 SATA 케이블

- SATA 데이터 케이블에는 7 핀 커넥터가 있다.
- 케이블의 한쪽 끝은 메인보드에 연결된다.
- 다른 한쪽 끝은 SATA 데이터 커넥터가 있는 모든 드라이브에 연결된다.

INSTALL DATA CABLES

1) Plug the motherboard end of the PATA cable into the motherboard socket.

2) Plug the connector at the far end of the PATA cable into the optical drive.

3) Plug one end of the SATA cable into the motherboard socket.

4) Plug the other end of the SATA cable into the HDD.

5) Plug the motherboard end of the FDD cable into the motherboard socket.

6) Plug the connector at the far end of the FDD cable into the floppy drive.

데이터 케이블 설치

1) PATA 케이블의 메인보드 끝을 메인보드 소켓에 연결

2) PATA 케이블 끝의 커넥터를 광학 드라이브에 연결

3) SATA 케이블의 한쪽 끝을 메인보드 소켓에 연결

4) SATA 케이블의 다른 한쪽 끝을 HDD에 연결

5) FDD 케이블의 끝을 메인보드 소켓에 연결

6) FDD 케이블 끝의 커넥터를 FDD에 연결

PATA	Parallel Advanced Technology Attachment, 하드 디스크와 같은 기억 장치를 연결하는 표준 인터페이스
optical	광학의

6.3.20 Re-attach Panels, Connect External Cables

- Now that all the internal components have been installed and connected to the motherboard and power supply, the side panels are re-attached to the computer case.
- The next step is to connect the cables for all computer peripherals and the power cable.

6.3.20 패널 재연결, 외부 케이블 연결

- 이제 모든 내부 부품이 설치되어 메인보드와 전원 공급장치에 연결되었으므로, 컴퓨터 케이스에 측면 패널을 다시 장착한다.
- 다음 단계는 모든 컴퓨터 주변 장치용 케이블과 전원 케이블을 연결하는 것이다.

RE-ATTACH SIDE PANELS

- Most computer cases have two panels, one on each side.
- Once the cover is in place, make sure that it is secured at all screw locations.
- Refer to the documentation or manufacturer's website if you are unsure about how to remove or replace your computer case.
- CAUTION: Handle case parts with care. Some computer case covers have sharp or jagged edges.

측면 패널 재연결

- 대부분의 컴퓨터 케이스는 양쪽 측면에 두 개의 패널을 가지고 있다.
- 덮개가 제자리에 고정되면, 모든 나사가 제 위치에 고정되어 있는지 확인하시오.
- 컴퓨터 케이스를 제거하거나 교체하는 방법이 확실하지 않은 경우, 제조업체에서 제공하는 웹 사이트나 문서를 참조하시오.
- 주의: 케이스 부품은 조심해서 다루시오. 일부 컴퓨터 케이스의 덮개는 가장자리가 날카롭거나 울퉁불퉁하다.

panel	패널, 판넬, 판자
jag	뾰족한 돌출부
edge	가장자리, 끝, 경계, 모서리

6.3.21 Connect External Cables

- After the case panels have been re-attached, connect the external cables to the back of the computer.
- External cable connections include: Monitor, Keyboard, Mouse, USB, Power, Ethernet
- CAUTION: When attaching cables, never force a connection.
- NOTE: Plug in the power cable after you have connected all other cables.

6.3.21 외부 케이블 연결

- 케이스 패널을 재 연결한 후, 외부 케이블을 컴퓨터 후면에 연결
- 외부 케이블 연결에는 다음이 포함된다: 모니터, 키보드, 마우스, USB, 전원, 이더넷(랜 케이블)
- 주의: 케이블을 연결할 때, 절대 강제로 연결하지 마시오.
- 참고: 다른 모든 케이블을 연결한 후, 전원 케이블을 연결하시오.

ethernet	이더넷, 컴퓨터 네트워크 기술의 하나로 LSN에서 가장 많이 활용되는 기술 규격
force	강요하다, (저항을 무릅쓰고) ~을 밀고 나아가다.

6.3.22 Connect External Cables

1) Attach the monitor cable to the video port.

2) Secure the cable by tightening the screws on the connector.

3) Plug the keyboard cable into the PS/2 keyboard port.

4) Plug the mouse cable into the PS/2 mouse port.

5) Plug the USB cable into a USB port.

6) Plug the network cable into the network port.

7) Connect the wireless antenna to the antenna connector.

8) Plug the power cable into the power supply.

6.3.22 외부 케이블 연결

1) 모니터 케이블을 비디오 포트에 연결

2) 커넥터의 나사를 조여 케이블을 고정

3) 키보드 케이블을 PS/2 키보드 포트에 연결

4) 마우스 케이블을 PS/2 마우스 포트에 연결

5) USB 케이블을 USB 포트에 연결

6) 네트워크 케이블을 네트워크 포트에 연결

7) 무선 안테나를 안테나 커넥터에 연결

8) 전원 케이블을 전원 공급 장치에 연결

antenna	안테나

6.3.23 Boot Computer for the First Time

- The BIOS is a set of instructions stored in a nonvolatile memory chip.
- When the computer is booted, the basic input/output system (BIOS) will perform a power-on self test (POST) to check on all of the internal components.
- A special key or combination of keys on the keyboard is used to enter the BIOS setup program.
- The BIOS setup program displays information about all of the components in the computer

6.3.23 컴퓨터 첫 부팅

- BIOS는 비휘발성 메모리 칩에 저장된 일련의 명령이다.
- 컴퓨터가 부팅되면 기본 입출력 시스템(BIOS)은 POST(Poser-On Self Test)를 수행하여 모든 내부 부품들을 점검한다.
- 키보드의 특수 키 또는 키 조합은 BIOS 설정 프로그램을 시작하는데 사용된다.
- BIOS 설정 프로그램은 컴퓨터의 모든 구성 요소에 대한 정보를 표시한다.

nonvolatile	비휘발성의
BIOS	바이오스, Basic Input/Output System, 운영체제 중 가장 기본적인 컴퓨터의 입출력을 처리하는 소프트웨어. 사용자가 컴퓨터를 켜면 시작되는 프로그램으로 주변 장치와 컴퓨터 운영체제 사이의 데이터 흐름을 관리
POST	시동 자체 시험, Power On Self Test, 디지털 전자 장치들이 전원을 켠 뒤 즉시 실행하는 루틴
combination	조합, 결합

6.3.24 Identify Beep Codes

- POST checks to see that all of the hardware in the computer is operating correctly.
- If a device is malfunctioning, an error or a beep code alerts the technician that there is a problem.
- Typically, a single beep denotes that the computer is functioning properly.
- If there is a hardware problem, the computer may emit a series of beeps.
- Each BIOS manufacturer uses different codes to indicate hardware problems.
- Consult the motherboard documentation to view beep codes for your computer.

6.3.24 경고음 코드 식별

- POST는 컴퓨터의 모든 하드웨어가 올바르게 작동하는지 확인한다.
- 만약 장치에 이상이 발생하면 오류 또는 경고음 코드를 통해 기술자에게 오류를 알린다.
- 일반적으로 한 번의 경고음은 컴퓨터가 올바르게 작동하고 있음을 나타낸다.
- 만약 하드웨어 문제가 발생하면 컴퓨터는 일련의 경고음을 발생한다.
- 각 BIOS 제조사는 각기 다른 코드를 사용하여 하드웨어 문제를 나타낸다.
- 컴퓨터의 경고음 코드를 확인하려면 메인보드 문서를 참고하시오.

identify	식별하다, 확인하다, 알아보다
beep	비프음, 삐 소리, 발신음, 신호음
malfunctioning	오동작, 고장, 하자
alert	경계, 주의하다, 알림
denote	표시하다
emit	방출하다, 내뿜다, 발산하다

6.3.25 BIOS Setup

- The BIOS contains a setup program used to configure settings for hardware devices.
- The configuration data is saved to a special memory chip called a complementary metal-oxide semiconductor (CMOS).
- CMOS is maintained by the battery in the computer.
- If this battery dies, all BIOS setup configuration data will be lost.
- Replace the battery and reconfigure the BIOS settings.

6.3.25 BIOS 설정

- BIOS는 하드웨어 장치의 설정을 구성하는 데 사용하는 설치 프로그램이 포함되어 있다.
- 설정 데이터는 CMOS(complementary metal-oxide semiconductor)라는 특수 메모리 칩에 저장된다.
- CMOS는 컴퓨터의 배터리로 유지된다.
- 만약 배터리가 방전되면, 모든 BIOS 설정 데이터는 손실된다.
- 배터리를 교체하고 BIOS 설정을 다시 하시오.

configure	~의 환경을 설정하다
CMOS	컴퓨터에서 현재 시간이나 하드웨어 정보를 보관하고 유지하기 위해 쓰이는 비휘발성 메모리

6.3.26 BIOS Setup Program

- BIOS settings are configured in the BIOS setup program

6.3.26 BIOS 설정 프로그램

- BIOS 설정은 BIOS 설정 프로그램에서 한다.

6.4 Reading Recommendations

- How to Download and Install Visual Studio for C#
  링크: https://www.guru99.com/download-install-visual-studio.html
- Computer Assembly Introduction
  링크: http://www.uobabylon.edu.iq/eprints/publication_3_27197_1357.pdf

CHAPTER

7

Tips to improve your programming skills

Sentence of this week

"C is quirky, flawed, and an enormous success."

_Dennis M. Ritchie

이주의 명언

"C는 유별나며, 결함이 있고, 엄청나게 성공했다."

_데니스 리치

7.1 Learning coding with 8 games

7.1.1 Robocode

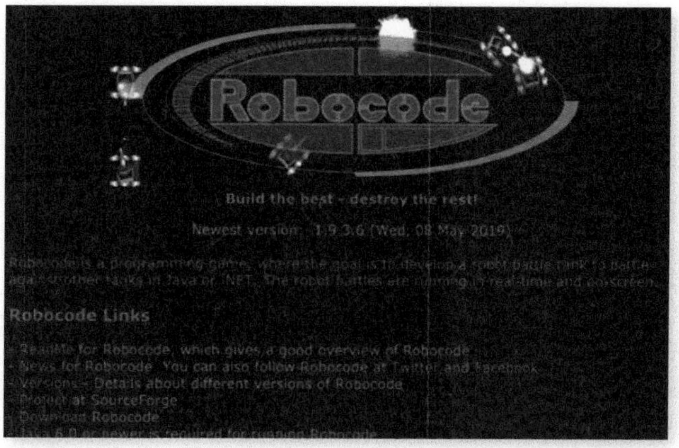

- In Robocode, you learn to program by controlling a tank fighting against other tanks and practice writing code along the way.
  - You can use different programming languages when playing.

- In Robocode, you can skill up and learn a whole bunch of different programming languages, not a particular one.
  - It makes you write real code.
- In Robocode you have to write AI for your robot tank using a bunch of popular programming languages, including Java and C#. So you get to practice your real and applicable coding skills every time you play.

- Robocode에서는 적 탱크와 싸우는 탱크를 프로그래밍을 배우고 코드를 쓰는 연습을 통해서 제어한다.
- 게임을 할 때 다른 프로그래밍 언어를 사용할 수 있다.
  - Robocode에서 특정 언어가 아닌 다양한 프로그래밍 언어들을 익히고 배울 수 있다.
- Robocode는 실제 동작하는 코드를 만든다.
  - Robocode에서 Java와 C#을 포함한 많은 인기 있는 프로그래밍 언어를 사용하여 로봇 탱크의 AI를 작성해야 한다. 그래서 게임을 할 때마다 실제 적용 가능한 코딩 기술을 연습하게 된다.

7.1.2 CodeGym

- CodeGym is a gamified programming course designed for users to learn and practice programming in Java.
- CodeGym teaches you to use Java for different purposes and platforms.
  - It has more than 1200 puzzles in its course. They teach you how to write solutions for different tasks, fix or adapt existing code for different requirements, and other applications.
- It's more than just a gamified learning course.
  - CodeGym is an exciting online game which has an actual science fiction plot, interesting characters, and a good deal of humor. All this makes studying Java fun and engaging process.

- 코드짐은 사용자가 자바에서 프로그래밍을 배우고 연습할 수 있도록 고안하여 게임화 된 프로그래밍 과정이다.
- 코드짐은 다양한 목적과 플랫폼에서 자바를 사용하도록 가르친다.
  - 게임 내에 1200개 이상의 퍼즐을 가지고 있다. 여러 다른 임무에 대한 해결책을 쓰고, 다른 요구 조건과 다른 응용 프로그램에 대한 기존 코드를 수정하거나 조정하는 방법을 가르친다.
- 단순한 게임화 된 학습 그 이상이다.
  - 코드짐은 실제 공상 과학 소설 줄거리, 흥미로운 캐릭터, 그리고 많은 유머를 가진 흥미진진한 온라인 게임이다. 이 모든 것은 자바 공부가 재미있고 흥미진진한 과정이 되도록 한다.

gamify	게임화하다
platform	플랫폼
fiction	소설, 허구, 픽션, 꾸며낸 이야기
plot	음모, 줄거리, 구성, 구분하다
engaging	애교있는, 매력있는

7.1.3 CodeWars

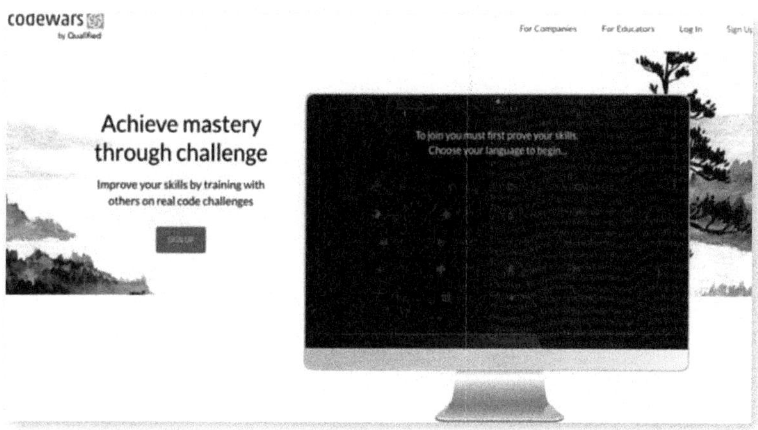

- Codewars is a gamified online platform with coding challenges where users can solve puzzles and compare their solutions.
- You can compare your solutions with the other players.
  - Codewars allows you to compare your approach to a puzzle solution with other users. This helps to quickly find the bugs in your code, as much as learn how the same problem can be solved from a totally different point of view.
- You practice coding through completing challenges.
  - Solving different puzzles and algorithmic challenges is one of the most effective ways to learn a programming language fast.

- 코드워스는 퍼즐을 풀고 해답을 비교할 수 있는 코딩 챌린지 게임 온라인 플랫폼이다.
- 당신의 답안을 다른 플레이어들과 비교할 수 있다.
  - 코드워스를 사용하면 퍼즐 솔루션에 대한 접근 방식을 다른 사용자와 비교할 수 있다. 이것은 완전히 다른 관점에서 동일한 문제가 어떻게 해결될 수 있는지를 배울 수 있어, 당신이 작성한 코드의 버그를 빨리 찾는 데 도움이 됩니다.
- 도전 과제를 완수하는 것을 통해 코딩을 연습한다.
  - 다른 퍼즐과 알고리즘 문제를 해결하는 것은 프로그래밍 언어를 빨리 배우는 가장 효과적인 방법 중 하나이다.

algorithmic	알고리즘의

7.1.4 Shenzhen I/O

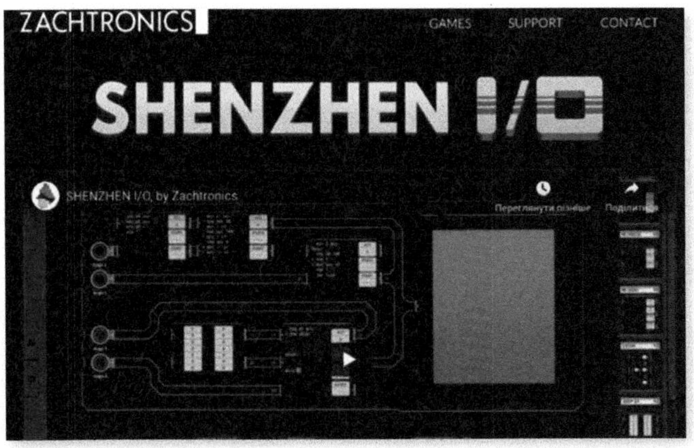

- Shenzhen I/O is a puzzle game that teaches future engineers how to build circuits and write assembly code based on provided requirements.
- Shenzhen I/O models IT work in general.
  - This game is not as focused on programming languages as the previous ones but the skills you are training with it would be applicable for many different jobs and purposes in the field.
- A perfect choice for those interested in programming the old-fashioned way.
  - Back in the day, without the fancy IDEs and frameworks, the code had to be much more detailed. And that's what this game allows you to practice.

- Shenzhen I/O는 미래의 엔지니어들에게 주어진 요구사항에 따라 회로를 만들고 어셈블리 코드를 작성하는 방법을 가르치는 퍼즐 게임이다.
- Shenzhen I/O는 일반적인 IT 작업을 모델로 한다.
  - 이 게임은 이전에 보여줬던 게임만큼 프로그래밍 언어에 초점을 맞추지는 않지만, 당신이 훈련하고 있는 기술은 현장에서 다양한 직업과 목적에 적용될 것이다.

- 옛날 프로그래밍 방식에 관심이 있는 사람들을 위한 완벽한 선택.
  - 화려한 IDE와 프레임워크가 없었던 옛날에는 코드가 훨씬 더 상세해야 했다. 그리고 이것이 바로 이 게임을 통해 당신이 연습할 수 있는 것이다.

circuit	회로
assembly	어셈블리어, 기계어와 1:1 대응하는 심볼릭 프로그래밍 언어
old-fashioned	구식의, 전통적인, 보수적인, 촌스러운
framework	뼈대, 골격, 프레임워크, 소프트웨어 프레임워크는 복잡한 문제를 해결하거나 서술하는 데 사용되는 기본 개념 구조

7.1.5 VIM Adventures

- Vim Adventures is a game for learning or improving your knowledge of Vim, the popular Unix text editor.
- It's a simple way to learn all the main Vim concepts.
  - Playing this game you will quickly learn all Vim's keyboard shortcuts, main concepts, and functions.
- Useful for learning programming logic.
  - Although Vim, strictly speaking, is not a coding language, knowing how to use it would help you as a programmer a lot.

- Vim 어드벤처는 인기 있는 Unix 텍스트 편집기 Vim에 대한 지식을 배우거나 향상시키기 위한 게임이다.
- 모든 주요 Vim 개념을 배울 수 있는 간단한 방법이다.
  - 이 게임을 하면 Vim의 모든 키보드 단축키, 주요 개념 및 기능을 빠르게 배울 수 있다.
- 프로그래밍 논리를 학습하는 데 유용하다.
  - 엄밀히 말하면 Vim은 코딩 언어가 아니지만, 그것을 사용하는 방법을 아는 것은 프로그래머로서 당신에게 많은 도움이 될 것이다.

Vim	Vi IMproved, vi 호환 텍스트 편집기

7.1.6 CodeMonkey

- CodeMonkey is an online coding game mainly designed for elementary and middle school students with very limited or zero knowledge in coding, which make it a good option for beginners.
- Good for students with zero knowledge in coding.
  - CodeMonkey is a great start for teaching children and teenagers how to code. And if it's good for them, it's good for any age.
- Its coding language is similar to JavaScript.
  - Using this language in CodeMonkey makes it easier to learn JavaScript after playing the game.

- 코드 몽키는 코딩에 대한 지식이 매우 제한적이거나 전혀 없는 초등학생과 중학생들을 위해 주로 고안된 온라인 코딩 게임으로 초보자들에게 좋은 선택권이 되고 있다.
- 코딩에 지식이 없는 학생들에게 좋다.
  - 코드 몽키는 아이들과 청소년들에게 코드를 가르치는 좋은 시작이 된다. 그리고 그들에게 좋다는 말은 어떤 연령대에도 좋다는 뜻이다.
- 코딩 언어는 자바스크립트와 비슷하다.
  - 코드 몽키에서 이 언어를 사용하면 게임을 한 후에는 JavaScript를 더 쉽게 배울 수 있다.

mainly	주로, 대부분은, 대개는
elementary school	초등학교
option	옵션, 선택
teenager	10대, 청소년
JavaScript	자바스크립트, 객체 기반의 스크립트 프로그래밍 언어로 웹 브라우저 내에서 주로 사용

7.1.7 Flexbox Froggy

- Flexbox Froggy is a simple game designed to help users in learning CSS code. Players have to bring Froggy home by mastering a layout module CSS flexbox.
- Made for users without any knowledge of CSS.
  - Made specifically for beginners in CSS flexbox so you can learn the basics of CSS with Froggy.
- The game is very simple and only good for beginners.
  - Simplicity is also the biggest disadvantage of Flexbox Froggy. It's more suitable for complete beginners and doesn't offer much learning space for more demanding users.

- 플렉스박스 플로기는 사용자가 CSS 코드를 학습하는 데 도움이 되도록 고안된 간단한 게임이다. 플레이어는 레이아웃 모듈 CSS 플렉스박스를 숙달하여 플로기를 집으로 데려와야 한다.
- CSS에 대한 지식이 없는 사용자를 위해 만들어졌다.
  - CSS 플렉스박스의 초보자를 위해 특별히 제작되어 플로기와 함께 CSS의 기본을 배울 수 있다.
- 게임은 매우 간단하지만 초보자에게만 좋다.
  - 단순성은 또한 플렉스박스 플로기의 가장 큰 단점이다. 이 게임은 완전 초보자들에게 더 적합하고 더 까다로운 사용자들에게 많은 학습 공간을 제공하지는 않는다.

CSS	Cascading Style Sheets, 종속형 시트, 캐스케이딩 스타일 시트, 마크업 언어가 실제로 표시되는 방법을 기술하는 언어로 HTML과 주로 사용
simplicity	단순, 간단
disadvantage	단점
suitable	부합하는, 적합한, 적절한
demanding	요구, 주장, 필요한

7.1.8 CodeCombat

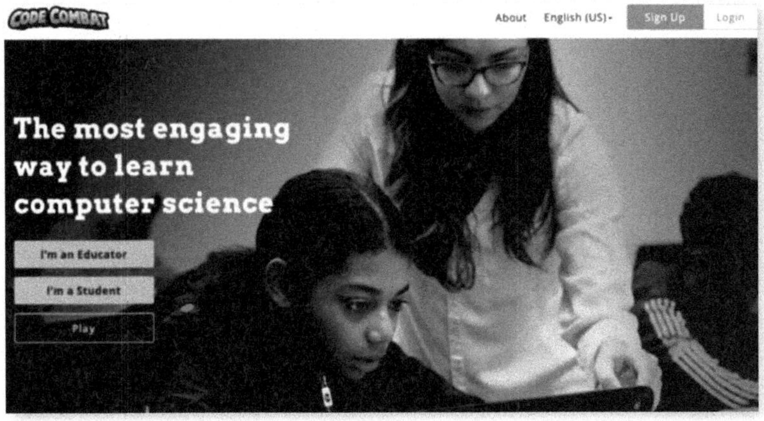

- CodeCombat is an online game, which consists of puzzles and challenges player need to solve by writing JavaScript code.
- Made Works as an introduction to JavaScript syntax and logic for beginners.
  - You can start with very simple puzzles and progress slowly, learning JS syntax step by step.
- It is fun and engaging.
  - CodeCombat offers players quite a broad spectrum of puzzles and challenges, which makes it really fun. You won't get bored playing this game for a while.

- 코드컴뱃은 온라인 게임으로 플레이어가 자바스크립트 코드를 작성하여 해결해야 하는 퍼즐과 도전으로 구성되어 있다.
- 초보자를 위한 자바스크립트 문법과 논리에 대한 소개로 만들어졌다.
  - 아주 간단한 퍼즐로 시작해서 천천히 진행하면서 JS 구문을 차근차근 배울 수 있다.
- 재미있고 매력적이다.
  - 코드컴뱃은 플레이어들에게 꽤 다양한 범위의 퍼즐과 도전을 제공하는데 게임을 정말 재미있게 만든다. 당분간 이 게임하는 것이 지루하지 않을 것이다.

JS	자바스크립트의 약자

7.2 How can I make programming fun?

7.2.1 Learn a new language.

Especially a different paradigm than you're used to (for example if you do a lot of programming in Java, try switching to Clojure or Scala or, if you're feeling more adventurous, Haskell.)

7.2.1 새로운 언어를 배우자.

▶ 특히 익숙한 것과는 다른 패러다임(예: 자바에서 프로그래밍을 많이 하는 경우, 클로저나 스칼라로 전환하자, 더 모험적이라면, 하스켈)

7.2.2 Don't implement things the same way every time.

When learning a new language, don't just figure out how to "get by" in the new syntax, try to do it the idiomatic way, or just in a new and interesting way. For example, prohibit yourself from using for loops in Scala or Python!

7.2.2 매번 같은 방법으로 일을 실행하지 마시오.

▶ 새로운 언어를 배울 때 새로운 구문에서 "어떻게 하는 법"을 알아내려 하지 말고, 자연스러운 방법이나 새롭고 흥미로운 방법으로 시도하도록 노력하라. 예를 들어, 스칼라나 파이썬에서 루프 사용을 금지해보자!

parasigm	패러다임
Clojure	리치 하키가 만든 함수용 프로그래밍 언어로 LISP의 방언
Scala	다중 패러다임 프로그래밍 언어로 객체지향 언어의 특성과 함수형 언어의 특성을 함께 가지는 언어
adventurous	모험을 좋아하는, 대담한, 위험이 많은
Haskell	순수 함수형 프로그래밍 언어의 일종

7.2.3 Break your project down into smaller pieces and celebrate the small victories

Building an entire project in one go is great, but it's a sure-fire way to burn yourself out and lose interest quickly. Did you just rearrange elements on the homepage of your website? Celebrate that. Did you just rework the signup flow for user onboarding? Celebrate that. Try to maximize the amount of times you celebrate because it'll make the overall project much more enjoyable. Also, I can't stress enough the need to break things down into smaller pieces. By doing this, you'll be able to treat each particular aspect of your larger project as a smaller project in itself. This will allow you to find much more interest and varied tasks if you think of them as separate rather than small parts to a larger project.

7.2.3 프로젝트를 작은 조각으로 나누고 작은 성취를 축하하자.

한 번에 전체 프로젝트를 만드는 것은 좋지만, 그건 자신을 태워버리고 빨리 흥미를 잃을 수 있는 확실한 방법이다. 방금 홈페이지에서 요소들을 다시 정리 했는가? 축하한다. 방금 사용자 회원 가입을 다시 작업 하는가? 축하한다. 전체 프로젝트를 훨씬 더 즐겁게 만들어주기 때문에 축하하는 시간을 최대화하도록 노력해보자. 또한, 할 일을 작은 조각으로 나누는 것은 아무리 강조해도 지나치지 않는다. 이렇게 함으로써, 여러분은 큰 프로젝트의 각각의 특정 측면을 작은 프로젝트로 다룰 수 있을 것이다. 이렇게 하면 큰 프로젝트에 대한 작은 부분보다 그것들을 분리된 부분으로 생각하면 훨씬 더 많은 관심과 다양한 작업을 찾을 수 있을 것이다.

celebrate	기념하다, 축하하다
victory	승리
rearrange	재배열하다, 재조정, 개편
element	원소, 요소, 구성

7.2.4 Meet up with other programmers!

There are a lot of ways to meet up with other people who are also working on projects (Find your people - Meetup is a great resource to do that). Even if you're working on totally different projects, it's much more enjoyable just being in the presence of other programmers because you get to converse, laugh, and get distracted every now and then, all of which are very healthy when you're working on a big project! Oh, and you can get programming help whenever you get stuck as well.

7.2.4 다른 프로그래머들과 만나자!

프로젝트 중에도 다른 사람들과 만날 수 있는 많은 방법들이 있다.(사람들을 찾아라 – Meetup은 사람 만나기 좋은 방법이다). 여러분이 완전히 다른 프로젝트를 하고 있다고 해도 여러분이 때때로 대화하고, 웃고, 산만해지기 때문에 다른 프로그래머들과 함께 있는 것만으로도 훨씬 더 즐겁다. 여러분이 큰 프로젝트를 할 때 이 모든 것들은 매우 유익하다! 아, 그리고 막힐 때마다 사람들에게 프로그래밍 도움을 받을 수 있다.

presence	존재, 영향력, 참석
distract	주의를 빼앗다, 관심이 멀어지다, 초점을 흐리다
stuck	갇힌, 걸렸다, 꼼짝못하는, 막힌, 끼인

7.2.5 Take a break and build stupid things

A little while ago, one of the product managers at the company I work at gave me some advice on learning programming and getting into making projects: build the stupidest things you can think of. He said "if your project has any value to society, dumb it down before you build it." Allowing yourself to just work on a really stupid project is an incredibly valuable and fun experience. One of the projects that I'm working on is a website where you put in a dollar amount and you will be shipped a box of goods from Amazon valued up to that dollar amount (I call it Boxlord just for fun). Even though this project really has no value whatsoever, I get to learn how to make a basic e-commerce website on both the front-end and the back-end and whenever I tell people what I'm working on, it always gets some laughs. I really encourage you to do this because it's helped me a lot in keeping programming fun!

I totally get that it can get dull at times, but power through it, approach it tactically and you'll be able to finish your project in no time (which is a huge accomplishment no matter how big or small the project)!

7.2.5 쉬면서 바보같은 짓들을 하라.

조금 전에 내가 일하는 회사의 제품 매니저 중 한 명이 프로그래밍을 배우고 프로젝트를 만드는 것에 대해 조언을 해주었는데, 그것은 여러분이 생각할 수 있는 가장 어리석은 것들을 만드는 것이다. 그는 "만약 당신의 프로젝트가 사회에 어떤 가치를 가지고 있다면, 당신이 그것을 만들기 전에 그것을 하향 평준화 하라"고 말했다. 정말 바보같은 프로젝트에 몰두하는 것을 허용하는 굉장히 가치 있고 재미있는 경험이다. 내가 작업하고 있는 프로젝트 중 하나는 1달러 금액을 넣으면 그 금액 정도 되는 물건 한 상자를 아마존에서 배송 받을 수 있는 웹 사이트이다(전 재미로 Boxload라 부른다). 비록 이 프로젝트가 아무런 가치도 없지만 나는 어떻게 하면 프론트엔드와 백엔드에서 기본적인 전자상거래 웹 사이트를 만들 수 있는지 알게 되고, 내가 하고 있는 일을 사람들에게 말할 때마다 항상 웃게 된다. 당신이 이런 짓을 하는 걸 정말로 권장한다. 왜냐하면 그것은 내가 프로그램을 재미있게 하는데 많은 도움이 되었기 때문이다!

나는 그것이 때때로 지루해질 수 있다는 것을 전적으로 이해하지만, 그것을 통해 힘을 얻고 그것을 전략적으로 접근하면 당신은 당신의 프로젝트를 곧 끝낼 수 있을 것이다.

experience	경험
e-commerce	전자상거래

7.3 8 Ways to Hone Your Programming Skills and Become a Better Coder

7.3.1 Know your learning style

We all learn differently. Some learn best by reading a book. Some prefer hands-on experience, or need the structure provided by a formal course. Fortunately, there are plenty of free or low-cost learning resources only a quick search away so you don't have to waste your time on methods that don't suit you.

7.3.1 당신의 학습 스타일을 알아라.

▶ 우리는 모두 다르게 배운다. 어떤 이는 책을 읽음으로 가장 잘 배운다. 어떤 이는 실제 경험을 선호하거나 공식적인 코스로 제공되는 구조를 필요로 한다. 다행히도, 무료나 저렴한 학습 자원이 아주 많이 있어서 단지 빠른 검색만으로 여러분에게 맞지 않는 방법에 시간을 낭비할 필요가 없다.

formal	공식적인, 정식의, 형식적인, 정규의
fortunately	운좋게, 다행히
plenty	많은, 풍부한, 충분하게

7.3.2 learn from others

One of the fastest ways to improve your skillset is to leverage the knowledge and experience of people who entered the field before you. While a formal mentor is a great asset, it's not required. Seek out expert help from sources like your team lead, members of your local user group, or Stack Overflow. Show your code and ask for feedback. And don't let fear of criticism or feeling like you're bothering people prevent you from tapping into one of the most powerful resources available for leveling up your skillset. You'll be surprised at how eager to help many people are to help. It's flattering to be asked to share expertise.

7.3.2 다른 사람에게 배워라.

▶ 당신의 기술을 향상시키는 가장 빠른 방법 중 하나는 당신보다 먼저 그 분야에 진출한 사람들의 지식과 경험을 활용하는 것이다. 공식적인 멘토는 훌륭한 자산이지만 꼭 필요한 것은 아니다. 팀 리더, 로컬 사용자 그룹 구성원 또는 스택 오버플로와 같은 곳에서 전문가의 도움을 받아라. 코드를 보여주고 피드백을 받아보라. 그리고 여러분이 사람들을 귀찮게 하는 것 같은 비난이나 그런 느낌에 대한 두려움 때문에 여러분의 기술을 향상시키기 위해 이용할 수 있는 가장 강력한 자원 중 하나를 이용하지 못하게 해서는 안 된다. 여러분은 많은 사람들이 얼마나 남을 돕고 싶어 하는지 놀랄 것이다. 전문 지식을 공유하라는 요구를 받는 것은 아첨하는 일이다.

leverage	활용, 영향력, 레버리지, 지렛대
asset	자산, 유산, 이점, 재산
flattering	아첨하는, 기쁘게 하는, 실물보다 돋보이게 하는

7.3.3 use the 15-minute rule

If you've been stuck on a problem for more than 15 minutes, ask for help! Turn around and ask a coworker how they would solve the problem, or describe your issue in detail on Stack Overflow. Regardless of whom you ask, the very act of describing your problem in detail puts you on the path toward the solution. Most problems are not unprecedented, and someone will be glad to share their experience or to team up on the issue.

7.3.3 15분의 법칙을 사용하라

▶ 만약 여러분이 어떤 문제에 15분 이상 정체되어 있다면 도움을 요청하라! 돌아서서 동료에게 문제를 어떻게 해결할 것인지 물어보거나 Stack Overflow에서 당신의 문제를 자세히 설명하라. 당신이 누구에게 묻든 간에 당신의 문제를 자세히 설명하는 바로 그 행동은 당신을 해답으로 이끌게 한다. 대부분의 문제는 전례가 없는 것이 아니며, 누군가는 그들의 경험을 공유하거나 이 문제에 협력하는 것을 즐길 것이다.

coworker	동료, 협력자, 공동 작업자
regardless	상관없이, 관계없이, 불구하고, 개의치 않고, 무관하게
unprecedented	전례 없는, 유례 없는, 이례적, 엄청난

7.3.4 work on real projects

The surefire way to improve? Practice and challenging yourself. This means you should always be working on a coding project. Even if you have a full-time programming job, the work may not be challenging enough to build your skills—so find something that will. Some of the best developers always have a side project to work on. Not having an idea is not an excuse. Find an open source project to contribute to regularly, build web apps for charity, or tackle that silly app idea your buddy keeps pitching to you.

7.3.4 실제 프로젝트를 수행하라

▶ 개선의 확실한 방법? 연습하고 도전하라. 이것은 여러분이 항상 코딩 프로젝트를 해야 한다는 것을 의미한다. 비록 여러분이 정규직으로 프로그래밍하는 직업을 가지고 있다고 해도, 그 일은 여러분의 기술을 쌓을 만큼 충분히 도전적이지 않을 수도 있으니 그럴 만한 것을 찾아라. 최고의 개발자들 중 몇몇은 항상 노력해야 할 사이드 프로젝트를 가지고 있다. 아이디어가 없는 것은 핑계일 뿐이다. 정기적으로 기여할 수 있는 오픈소스 프로젝트를 찾고, 자선 사업을 위한 웹 앱을 만들거나, 여러분의 친구가 계속해서 여러분에게 제안하는 그 바보 같은 앱 아이디어와 씨름하라.

surefire	성공할 것이 틀림없는, 틀림없이 잘 되는
charity	자선, 기부, 모금
tackle	해결, 대터, 도전, 다루다, 씨름하다
silly	멍청한, 어리석은
pitch	고정시키다, 던지다

7.3.5 look under the hood

Most programmers rely heavily on frameworks such as Spring, Rails, or Angular to get the job done. While these frameworks promote productivity, they are also a treasure trove of examples and inspiration you can apply to your own solutions. Check out their source code and study it. At first you may feel lost, but over time you will learn to navigate large codebases, identify design patterns, and quickly understand code.

7.3.5 내부 구조를 탐색하라

▶ 대부분의 프로그래머들은 스프링, 레일즈 또는 앵귤러와 같은 프레임워크에 크게 의존한다. 이러한 틀들은 생산성을 향상시키고 또한 당신만의 해답을 적용할 수 있는 영감과 귀중한 예시이다. 소스코드를 확인하고 연구하라. 처음에는 길을 잃었다고 느낄 수도 있지만 시간이 지나면서 여러분은 큰 코드베이스를 탐색하고, 디자인 패턴을 식별하며, 코드를 빠르게 이해하는 법을 배울 것이다.

rely	의존하다, 의지하다, 기대다, 믿다
Spring	스프링 프레임워크, 자바 플랫폼을 위한 오픈소스 애플리케이션 프레임워크로 동적인 웹사이트를 개발하기 위한 서비스를 제공, 대한민국 공공기관의 웹 서비스 개발에 사용하는 전자정부 표준 프레임워크의 기반 기술
Rails	Ruby on Rails, 루비 언어 기반의 서버 측 웹 애플리케이션 프레임워크
Angular	앵귤러, 타입스크립트 기반 오픈 소스 프론트엔드 웹 애플리케이션 프레임워크
treasure	보물
trove	귀중한 발견, 발견물
inspiration	영감

7.3.6 share what you learn

As the old saying goes, 'the best way to learn is by teaching'. When you learn something new, don't keep it to yourself. Share your new skill or finding in a blog post, record a screencast of yourself building a new feature, package your code into a library and put it on GitHub, or present new discoveries at a local meetup. Not only does sharing reinforce what you learn, but it demonstrates your skills to future employers and clients. It makes you feel good, too!

7.3.6 당신이 배운 것을 공유하라.

▶ 옛말에 이르기를 '배우기 가장 좋은 방법은 가르치는 것이다'라는 말이 있다. 새로운 것을 배울 때 그것을 혼자만 알고 있지 마라. 당신의 새로운 기술을 공유하거나 블로그 포스트에서 발견하거나, 새로운 기능을 구축하는 자신의 스크린캐스트를 녹화하거나, 당신의 코드를 라이브러리화 시켜 GitHub에 올리거나, 또는 모임에서 새로운 내용을 발표하라. 공유는 당신이 배우는 것을 강화시킬 뿐만 아니라 미래의 고용주와 고객들에게 당신의 능력을 증명한다. 또 당신을 기분 좋게 하기도 한다!

screencast	스크린캐스트, 컴퓨터 화면 출력의 디지털 녹화, 비디오 스크린 캡쳐

7.3.7 make small, daily improvements

No one masters programming overnight. It takes consistent, deliberate practice. Take a few minutes to slow down, and make one small improvement every day. It could be learning a new language feature, reading a page out of the manual, or changing your editor configuration to add a shortcut for a common task. When compounded over time, these small, daily improvements add up to major breakthroughs.

7.3.7 매일 조금씩 향상되도록 만들어라

하룻밤 사이에 프로그래밍을 하는 사람은 아무도 없다. 일관되고 계획적인 연습이 필요하다. 몇 분 정도 시간을 내어 속도를 줄이고 매일 조금씩 개선해 나가시오. 새로운 언어 기능을 배우거나, 매뉴얼에서 페이지를 읽거나, 편집기 구성을 변경하여 일반적인 작업에서 바로가기를 추가하는 것일 수 있다. 시간이 지남에 따라 복합적으로 작용하면 이러한 소소한 일상의 개선은 중요한 돌파구를 만들어 낸다.

consistent	일관된, 지속적인
deliberate	고의적인, 심사숙고하다, 신중한, 심의하다
breakthrough	돌파, 획기적인, 중요한, 발전, 해결

7.3.8 explore

Take a timeout every week to explore new languages, technologies, and outside forces that shape our world. Knowledge and skills don't exist in a vacuum. Find two to three sources of new information to regularly tap into for inspiration. Follow coders you admire on Twitter. Browse Hacker News daily or weekly. Subscribe to newsletters like the Changelog Weekly.

7.3.8 탐험하라

매주 타임아웃을 통해 우리의 세계를 형성하는 새로운 언어, 기술 및 외부 세력을 탐구하라. 지식과 기술은 진공 속에 존재하지 않는다. 정기적으로 영감을 얻기 위해 이용할 새로운 정보의 출처를 2-3개 찾으시오. 트위터에서 존경하는 코더를 팔로잉 하라. Hacker News를 매일 또는 매주 찾아보라. Changelog Weekly와 같은 뉴스레터를 구독하라.

explore	탐험하다, 탐구하다, 연구하다
vacuum	진공
regularly	정기적으로, 주기적으로, 규칙적으로
subscribe	가입하다, 구독하다, 찬성하다

7.4 Reading Recommendations

- 컴퓨터 역사상 가장 유명한 20가지 명언
  링크: http://www.itworld.co.kr/print/95812
- 8 Coding Games to Improve and Level Up Your Programming Skills
  링크: https://dev.to/selawsky/8-coding-games-to-improve-and-level-up-your-programming-skills-3fc0
- I love programming, but I get bored quickly. How do I have fun while programming?
  링크: https://www.quora.com/I-love-programming-but-I-get-bored-quickly-How-do-I-have-fun-while-programming
- How do you make programming fun?
  링크: https://www.quora.com/How-do-you-make-programming-fun
- 8 Ways to Hone Your Programming Skills and Become a Better Coder [Infographic]
  링크: https://www.appdynamics.com/blog/engineering/8-ways-to-hone-your-programming-skills-and-become-a-better-coder/

CHAPTER

8

How to read Software API Documents I

Sentence of this week

"Cross the Rubicon."

_Julius Caesar

이주의 명언

"돌아갈 수 없는 강을 건너다."

_율리우스 카이사르

8.1 The Need for Comments

8.1.1 Why should you comment your code?

Commenting involves placing Human Readable Descriptions inside of computer programs detailing what the Code is doing. Proper use of commenting can make code maintenance much easier, as well as helping make finding bugs faster. Further, commenting is very important when writing functions that other people will use. Remember, well documented code is as important as correctly working code.

8.1.1 왜 코드에 주석을 달아야 하는가?

주석처리는 코드가 수행하는 작업을 상세히 설명하는 것으로 컴퓨터 프로그램 안에 "사람이 읽을 수 있는 설명"을 넣는 것을 포함한다. 주석을 올바르게 사용하면 코드 유지 보수가 훨씬 쉬워지며 버그를 더 빨리 찾을 수 있다. 또한 다른 사람들이 사용할 함수를 작성하는 경우 주석을 다는 것은 매우 중요하다. 올바르게 문서화 된 코드는 올바르게 작동하는 코드만큼 중요하다.

description 기술, 설명, 묘사, 서술

8.1.2 The Need for Comments

There are a number of reasons for including comments in source code, even though many newer software development methodologies refrain from their use, comments do have their place in source code. Some of the reasons for using comments are:

- Often comments are added at the start of each source file to give a description of what source the file contains and copyright information.
- The fields and methods of a class are often given brief comments that describe their purpose and what they do.
- Complex code is often commented heavily to make it clearer and easier to understand.

8.1.2 주석의 필요성

비록 많은 최신 소프트웨어 개발 방법론이 그 사용을 자제하라고 말하지만 소스코드에서 주석을 사용하고 있으며, 소스코드에 주석을 포함시키는 데에는 여러 가지 이유가 있다. 주석을 사용하는 몇 가지 이유는 다음과 같다:

- 종종 주석은 각 소스코드 파일의 시작 부분에 도입되어 어떤 소스코드 파일이 포함되었는지, 어떤 저작권을 따르는 지에 대한 정보가 제공된다.
- 클래스의 필드와 메소드에는 종종 자신의 목적과 활동을 설명하는 간단한 주석이 제공된다.
- 복잡한 코드는 종종 명확하고 이해하기 쉽도록 많은 주석이 달린다.

methodology	방법론, 방안, 기술, 절차
refrain	자제하다, 삼가다
copyright	저작권, 판권

The goal in commenting code is to make it possible for the reader to understand what the code does and how it achieves that. There are generally two schools of thought on this, the first says that the more comments the better, however the other school of thought believes that more comments just clutter the code and make it difficult to read. Commenting code is therefore a fine balance, you should only provide comments where absolutely necessary and keep them brief. If code is too complex to understand you should consider revising the code to make it clearer or simpler, unless it is impossible to do so or you have very good reasons not to do so.

주석의 목표는 독자가 코드의 기능과 코드의 수행 방식을 이해할 수 있도록 하는 것이다. 일반적으로 이에 대해 서로 다른 의견을 두 그룹으로 나뉜다. 첫 번째 그룹은 더 많은 주석이 더 좋다고 말하는 반면에, 다른 그룹은 더 많은 주석이 코드를 어지럽히며 읽기 어렵게 한다고 믿는다. 따라서 코드에 주석을 다는 것은 균형 감각이 필요하다. 반드시 필요한 경우에만 간략하게 주석을 작성해야 한다. 코드가 너무 복잡하여 이해하기 어렵거나 수정하는 것이 불가능하거나 하지 않는 경우 코드를 보다 간단명료하게 수정하는 것이 좋다.

absolutely	절대적으로, 완전히
brief	짧은, 잠시, 간단한, 개요, 보고서

8.2 Javadoc

8.2.1 Javadoc Comments

Javadoc Comments are specific to the Java language and provide a means for a programmer to fully document his/her source code as well as providing a means to generate an Application Programmer Interface (API) for the code using the javadoc tool that is bundled with the JDK.

8.2.1 Javadoc 주석

Javadoc 주석은 Java 언어의 고유한 특징으로 프로그래머가 자신의 소스코드를 완전히 문서화할 수 있는 수단을 제공하고, JDK와 함께 제공되는 Javadoc 도구를 사용하여 코드에 대한 API(응용프로그램 프로그래머 인터페이스)를 생성할 수 있는 수단을 제공한다.

JDK	자바 개발 키트, Java Development Kit
ADI	원문에는 Application Programmer Interface라고 기술되었으나 일반적으로 programming를 사용

8.2.2 What does Javadoc mean?

Javadoc is a documentation tool for the Java programming language. The document it creates from the Java sources is in HTML format and describes the application programming interface.

8.2.2 Javadoc 이란?

Javadoc은 자바 프로그래밍 언어를 위한 문서화 도구이다. Java 소스코드에서 생성되는 문서로서 HTML 형식으로 응용 프로그램 프로그래밍 인터페이스를 설명한다.

8.2.3 Why we need a Javadoc

If you look at a Java method that you don't know, you search on Google and see how to use it by referring to the documents. But how did these docs come in place ? How was so much documentation generated ? Was someone hired to do that ?

8.2.3 왜 Javadoc이 필요한가?

모르는 자바 메소드를 살펴보는 경우, 당신은 이 메소드가 무슨 역할을 하는지 일일이 구글에 검색하고 그 문서들을 참조하여 사용법을 알아봐야 한다. 그런데 이 문서들은 어떻게 만들어졌을까? 많은 문서들은 어떻게 생성되었는가? 누군가 그렇게 하도록 고용한 것인가?

8.2.4 The format of Javadoc Comments

A Javadoc comment precedes any class, interface, method or field declaration and is similar to a multi-line comment except that it starts with a forward slash followed by two asterisks (/**). Generally paragraphs should be separated or designated with the <p> tag.

```
/**
 * A Container is an object that contains other objects.
 * @author Trevor Miller
 * @version 1.2
 * @since 0.3
 */
public abstract class Container {

    /**
     * Create an empty container.
     */
    protected Container() { }

    /**
     * Return the number of elements contained in this container.
     * @return The number of objects contained
     */
    public abstract int count();

    /**
     * Clear all elements from this container.
     * This removes all contained objects.
     */
    public abstract void clear();

    /**
     * Accept the given visitor to visit all objects contained.
     * @param visitor The visitor to accept
     */
    public abstract void accept(final Visitor visitor);
    /**
     * Return an iterator over all objects conatined.
     * @return An iterator over all objects
     */
    public abstract Iterator iterator();

    /**
     * Determine whether this container is empty or not.
     * @return <CODE>true</CODE> if the container is empty:
     * <CODE>count == 0</CODE>, <CODE>false</CODE>
     * otherwise
     */
    public boolean isEmpty() {
        return (this.count() ==0);
    }

    /**
     * Determine whether this container is full.
     * @return <CODE>true</CODE> if conatiner is full,
     * <CODE>false</CODE> otherwise
     */
    public boolean isFull() {
        return false;
    }
}
```

8.2.4 javadoc 주석 형식

Javadoc 주석은 클래스, 인터페이스, 메소드 또는 필드 선언보다 앞에 위치하며, 슬래시와 두 개의 별표 (/ **)로 시작한다는 점을 제외하면 여러 줄 주석과 유사하다. 일반적으로 <p>태그로 단락을 구분하거나 지정한다.

```
/**
 * 컨테이너는 다른 객체를 포함하는 객체이다.
 * @author 트레보 밀러
 * @version 1.2
 * @since 0.3
 */
public abstract class Container {

    /**
     * 빈 컨테이너 생성
     */
    protected Container() { }

    /**
     * 컨테이너에 포함된 원소의 개수를 반환
     * @return 포함된 객체의 수
     */
    public abstract int count();

    /**
     * 컨테이너의 모든 원소 삭제
     * 모든 객체를 삭제한다.
     */
    public abstract void clear();

    /**
     * Visitor가 포함된 모든 객체에 접근할 수 있도록 허락
     * @param 허가된 Visitor 객체 visitor
     */
    public abstract void accept(final Visitor visitor);
    /**
     * 포함된 모든 객체에 대한 iterator 반환
     * @return 모든 객체에 대한 iterator
     */
    public abstract Iterator iterator();

    /**
     * 컨테이너가 비어 있는지를 판단
     * @return <CODE>true</CODE> 만약 컨테이너가 비었다면:
     * <CODE>count == 0</CODE>, <CODE>false</CODE>
     * 비어있지 않다면
     */
    public boolean isEmpty() {
        return (this.count() ==0);
    }

    /**
     * 컨테이너가 가득 찼는지 판단
     * @return <CODE>true</CODE> 컨테이너가 가득 찼다면
     * <CODE>false</CODE> 그렇지 않다면
     */
    public boolean isFull() {
        return false;
    }

}
```

precede	앞서다, 선행하다
field	필드, 변수, 정보를 나타내는 단위
declaration	선언
slash	슬래시, /
asterisk	애스터리스크, 별표, *

8.2.5 Javadoc tags

The Javadoc tags are used to provide important or essential meta information about the code. Consider the @author tag in the class comment for the example given above, it gives important information as to who the author of the code is. Each tag has a specific format which we will now look at.

8.2.5 Javadoc 태그

Javadoc 태그는 코드에 관하여 중요하거나 필수적인 메타 정보를 제공하는 데 사용된다. 위 예제의 클래스 주석에서 @author 태그를 고려해본다면 코드 작성자가 누구인지에 대한 중요한 정보를 제공한다. 각 태그에는 다음과 같이 특정 형식이 있다.

8.2.6 General order of tags

The general order in which the tags occur is as follows:

- @author
- @version
- @param
- @return
- @throws
- @see
- @since
- @deprecated

8.2.6 태그의 일반적인 순서

일반적인 태그 작성 순서는 다음과 같다:

- @author
- @version
- @param
- @return
- @throws
- @see
- @since
- @deprecated

author	저자, 저작자
param	parameter의 줄임말
throws	던지다, 발생 가능한 예외처리
deprecated	유지보수가 중단되어 사용이 권장되지 않는

8.3 Tag

8.3.1 Author tag

- Form: @author name
- Used Where: Interface and Class comments.
- Used For: Giving the names of the authors of the source code. You should use the full name of the author or "unascribed" when the author is unknown. Authors are listed in chronological order, with the creator of the class or interface being listed first.

8.3.1 Author 태그

- 형태: @author 이름
- 사용 위치: 인터페이스 및 클래스 주석
- 사용 목적: 소스코드 작성자의 이름을 제공한다. 저자의 전체 이름을 사용하거나 저자를 알 수 없는 경우 "unascribed"를 사용해야 한다. 작성자는 시간순으로 나열되며 클래스 또는 인터페이스 작성자가 먼저 나열된다.

unascribed	기술되지 않은
chronological	연대순의

8.3.2 Version tag

- Form: @version description
- Used Where: Interface and Class comments.
- Used For: Describes the current version number of the source code. This is often simply a version number including only the major and minor number and not build number. Some instances also include a date.

8.3.2 Version 태그

- 형태: @version 서술
- 사용 위치: 인터페이스 및 클래스 주석
- 사용 목적: 소스코드의 현재 버전 번호를 설명한다. 종종 메이저 번호와 마이너 번호만 포함하고 빌드 번호는 포함하지 않은 버전 번호를 사용한다. 일부 인스턴스에는 날짜도 포함된다.

instance	인스턴스, 클래스를 이용하여 객체를 만들어낸 실체

8.3.3 Parameter tags

- Form: @param name description
- Used Where: Method comments.
- Used For: Describes a method parameter. The name should be the formal parameter name. the description should be a brief one line description of the parameter.

8.3.3 Parameter 태그

- 형태: @param 이름 설명
- 사용 위치: 메소드 주석
- 사용 목적: 메소드 매개변수를 설명한다. 이름은 공식적인 매개변수 이름이어야 한다. 설명은 매개변수에 대한 간단한 한 줄 설명이어야 한다.

8.3.4 Return tag

- Form: @return description
- Used Where: Method comments.
- Used For: Describe the return value from a method with the exception of void methods and constructors.

8.3.4 Return 태그

- 형태: @return 설명
- 사용 위치: 메소드 주석
- 사용 목적: void 메소드와 생성자를 제외한 메소드의 리턴 값을 설명한다.

constructor 생성자

8.3.5 Throw tag

- Form: @throws exception description
- Used Where: Method comments.
- Used For: Indicates any exceptions that the method might throw and the possible reasons for this exception occurring.

8.3.5 Throw 태그

- 형태: @throws 예외 설명
- 사용 위치: 메소드 주석
- 사용 목적: 메소드에서 발생할 수 있는 예외 및 발생 이유를 나타낸다.

8.3.6 See tag

- Form: @see Classname
- Used Where: Any item being commented.
- Used For: If another class may help provide clarity this tag may be used to provide a link to that class.

8.3.6 See 태그

- 형태: @see 클래스이름
- 사용 위치: 주석이 있는 어떤 곳이라도 가능
- 사용 목적: 다른 클래스가 명확성을 제공하는 데 도움이 되는 경우 이 태그를 해당 클래스에 대한 링크를 제공하는 데 사용할 수 있다.

8.3.7 Since tags

- Form: @since version
- Used Where: Interface and Class comments.
- Used For: Indicates the version of the source code that this item was introduced. It is usually just a version umber but may also contain a specific date.

8.3.7 Since 태그

- 형태: @since 버전
- 사용 위치: 인터페이스 및 클래스 주석
- 사용 목적: 이 항목이 최초 소개된 소스코드의 버전을 표시한다. 보통 버전 번호를 사용하지만 특정 날짜를 포함할 수도 있다.

8.3.8 Deprecated tags

- Form: @deprecated
- Used Where: Interface, class and method comments.
- Used For: Used to indicated that an item is a member of the deprecated API. Deprecated items should not be used and are merely included for backwards compatibility.

8.3.8 Deprecated 태그

- 형태: @deprecated
- 사용 위치: 인터페이스 및 클래스, 메소드 주석
- 사용 목적: 이 항목이 더 이상 사용되지 않는 API의 멤버를 표시하는 데 사용된다. 사용되지 않는 항목은 사용하지 말아야 하며, 단지 이전 버전과의 호환성을 위해 포함되어 있다.

8.3.9 Where java doc is located

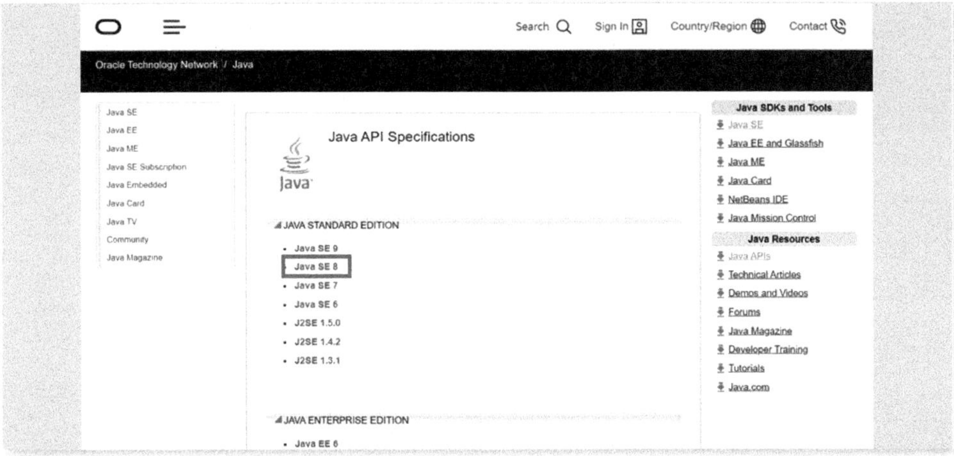

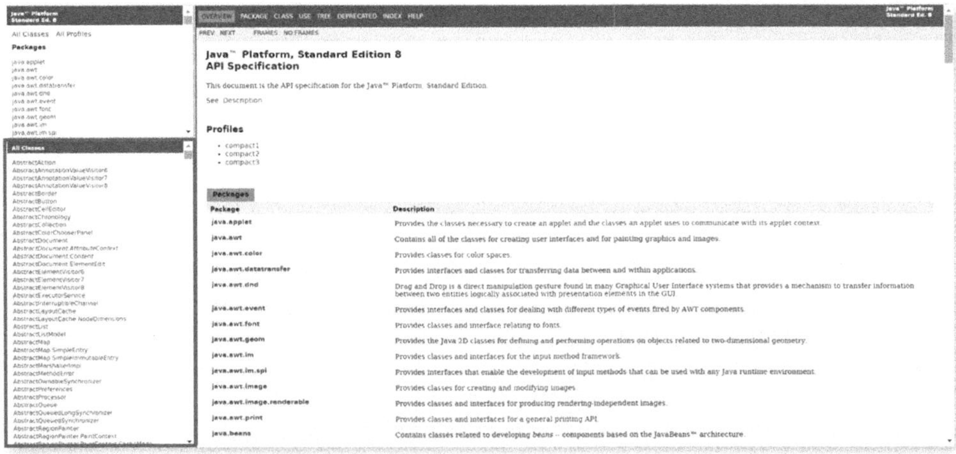

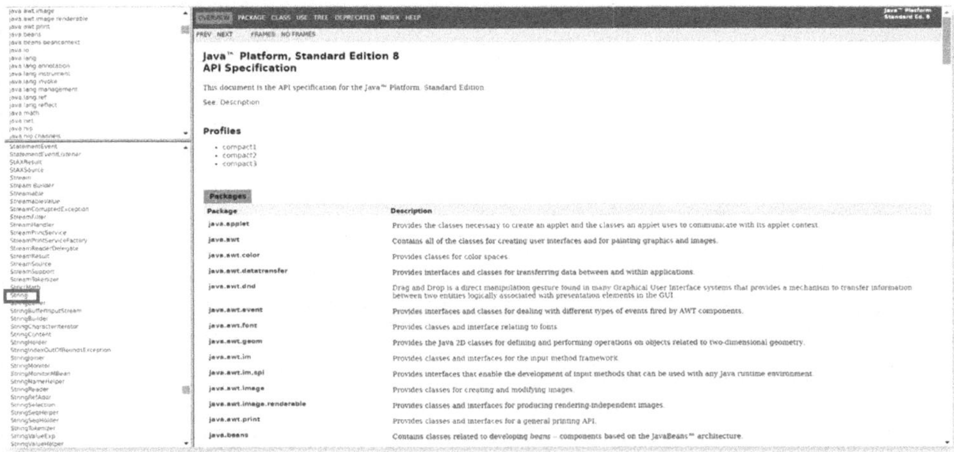

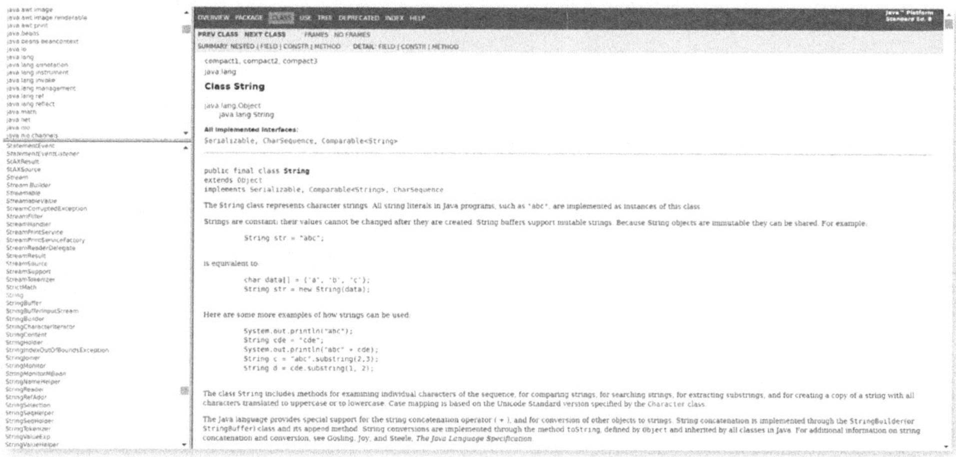

8.3.10 How to read Javadoc

Class System

java.lang.Object
    java.lang.System

```
public final class System
extends Object
```

The `System` class contains several useful class fields and methods. It cannot be instantiated.

Among the facilities provided by the `System` class are standard input, standard output, and error output streams; access to externally defined properties and environment variables; a means of loading files and libraries; and a utility method for quickly copying a portion of an array.

Since:
JDK1.0

- The System class contains several useful class fields and methods. It cannot be instantiated.
- Among the facilities provided by the System class are standard input, standard output, and error output streams; access to externally defined properties and environment variables; a means of loading files and libraries; and a utility method for quickly copying a portion of an array.

▶
- System 클래스에는 몇 가지 유용한 클래스 필드와 메소드가 있다. 인스턴스를 만들 수 없다.
- System 클래스에서 제공하는 기능 중에는 표준 입력, 표준 출력 및 오류 출력 스트림이 있다. 외부적으로 정의된 속성 및 환경 변수에 액세스 파일 및 라이브러리를 로딩하는 수단과 배열의 일부를 신속하게 복사하기 위한 유틸리티 방법.

property 특성

portion 부분, 일부

Modifier and Type	Method and Description
static void	arraycopy(Object src, int srcPos, Object dest, int destPos, int length) Copies an array from the specified source array, beginning at the specified position, to the specified position of the destination array.
static String	clearProperty(String key) Removes the system property indicated by the specified key.
static Console	console() Returns the unique Console object associated with the current Java virtual machine, if any.
static long	currentTimeMillis() Returns the current time in milliseconds.
static void	exit(int status) Terminates the currently running Java Virtual Machine.

Modifier and Type	Method and Description
static void	arraycopy(Object src, int srcPos, Object dest, int destPos, int length) 지정된 위치에서 시작하여 지정된 소스 배열에서 대상 배열의 지정된 위치로 배열을 복사합니다.
static String	clearProperty(String key) 지정된 키로 표시된 시스템 특성을 제거합니다.
static Consoleconsole()	console() 현재 Java 가상 머신과 연관된 고유 한 오브젝트를 리턴합니다 (있는 경우).
static long	currentTimeMillis() 현재 시간을 밀리 초 단위로 반환합니다.
static void	exit(int status) 현재 실행중인 Java Virtual Machine을 종료합니다.

Modifier and Type	Method and Description
static void	gc() Runs the garbage collector.
static Map<String,String>	getenv() Returns an unmodifiable string map view of the current system environment.
static String	getenv(String name) Gets the value of the specified environment variable.
static Properties	getProperties() Determines the current system properties.
static String	getProperty(String key) Gets the system property indicated by the specified key.
static String	getProperty(String key, String def) Gets the system property indicated by the specified key.

Modifier and Type	Method and Description
static void	gc() 가비지 수집기를 실행합니다.
static Map<String,String>	getenv() 현재 시스템 환경의 수정 불가능한 문자열 맵보기를 리턴합니다.
static String	getenv(String name) 지정된 환경 변수의 값을 가져옵니다.
static Properties	getProperties() 현재 시스템 속성을 결정합니다.
static String	getProperty(String key) 지정된 키로 표시된 시스템 속성을 가져옵니다
static String	getProperty(String key, String def) 지정된 키로 표시된 시스템 속성을 가져옵니다.

Modifier and Type	Method and Description
static SecurityManager	getSecurityManager() Gets the system security interface.
static int	identityHashCode(Object x) Returns the same hash code for the given object as would be returned by the default method hashCode(). whether or not the given object's class overrides hashCode().
static Channel	inheritedChannel() Returns the channel inherited from the entity that created this Java virtual machine.
static String	lineSeparator() Returns the system-dependent line separator string.
static void	load(String filename) Loads the native library specified by the filename argument.
static void	loadLibrary(String libname) Loads the native library specified by the libname argument.

Modifier and Type	Method and Description
static SecurityManager	getSecurityManager() 시스템 보안 인터페이스를 가져옵니다.
static int	identityHashCode(Object x) 지정된 객체의 클래스가 hashCode ()를 재정의하는지 여부에 관계없이 기본 메소드 hashCode ()에 의해 반환되는 것과 동일한 해시 코드를 주어진 객체에 대해 반환합니다
static Channel	inheritedChannel() Java 가상 머신을 작성한 엔티티로부터 상속된 채널을 리턴합니다.
static String	lineSeparator() 시스템 종속 행 구분자 문자열을 리턴합니다.
static void	load(String filename) filename 인수로 지정된 기본 라이브러리를 로드합니다.
static void	loadLibrary(String libname) libname 인수로 지정된 기본 라이브러리를로드합니다 .

Modifier and Type	Method and Description
static String	mapLibraryName(String libname) Maps a library name into a platform-specific string representing a native library.
static long	nanoTime() Returns the current value of the running Java Virtual Machine's high-resolution time source, in nanoseconds.
static void	runFinalization() Runs the finalization methods of any objects pending finalization.
static void	runFinalizersOnExit(boolean value) **Deprecated.** This method is inherently unsafe. It may result in finalizers being called on live objects while other threads are concurrently manipulating those objects, resulting in erratic behavior or deadlock.

Modifier and Type	Method and Description
static String	mapLibraryName(String libname) 라이브러리 이름을 기본 라이브러리를 나타내는 플랫폼 별 문자열로 매핑합니다.
static long	nanoTime() 실행중인 Java Virtual Machine의 고해상도 시간 소스의 현재 값을 나노초로 반환합니다.
static void	runFinalization() 종료 대기중인 모든 객체의 종료 방법을 실행합니다.
static void	runFinalizersOnExit(boolean value) Deprecated. 이 방법은 본질적으로 안전하지 않습니다. 다른 스레드가 동시에 해당 객체를 조작하여 불규칙한 동작이나 교착 상태가 발생하는 동안 라이브 객체에서 종료자가 호출 될 수 있습니다.

Modifier and Type	Method and Description
static void	setErr(PrintStream err) Reassigns the "standard" error output stream.
static void	setIn(InputStream in) Reassigns the "standard" input stream.
static void	setOut(PrintStream out) Reassigns the "standard" output stream.
static void	setProperties(Properties props) Sets the system properties to the Properties argument.
static String	setProperty(String key, String value) Sets the system property indicated by the specified key.
static void	setSecurityManager(SecurityManager s) Sets the System security.

Modifier and Type	Method and Description
static void	setErr(PrintStream err) "표준"오류 출력 스트림을 재 지정합니다.
static void	setIn(InputStream in) "표준"입력 스트림을 재 할당합니다.
static void	setOut(PrintStream out) "표준"출력 스트림을 재 할당합니다..
static void	setProperties(Properties props) 시스템 속성을 Properties인수로 설정합니다.
static String	setProperty(String key, String value) 지정된 키로 표시되는 시스템 프로퍼티을 설정합니다.
static void	setSecurityManager(SecurityManager s) 시스템 보안을 설정합니다.

CLASS STRING

```
• java.lang.Object
      • java.lang.String
All Implemented Interfaces:
      Serializable, CharSequence, Comparable<String>
-----------------------------------------------------------------
public final class String
extends Object
implements Serializable, Comparable<String>, CharSequence
The String class represents character strings. All string liter-
als in Java programs, such as "abc", are implemented as instanc-
es of this class.
Strings are constant; their values cannot be changed after they
are created. String buffers support mutable strings. Because
String objects are immutable they can be shared. For example:
            String str = "abc";

is equivalent to:
            char data[] = {'a', 'b', 'c'};
            String str = new String(data);

Here are some more examples of how strings can be used:
            System.out.println("abc");
            String cde = "cde";
            System.out.println("abc" + cde);
            String c = "abc".substring(2,3);
            String d = cde.substring(1, 2);
```

CLASS STRING

```
• java.lang.Object
      • java.lang.String
All Implemented Interfaces:
      Serializable, CharSequence, Comparable<String>
-----------------------------------------------------------------
public final class String
extends Object
implements Serializable, Comparable<String>, CharSequence
String 클래스는 문자열을 나타낸다. Java 프로그램의 "abc"와 같은 모든 문자열 상수
는 이 클래스의 인스턴스로 구현된다. 문자열은 상수이다. 생성된 후에는 값을 변경할 수 없다.
String buffer는 가변 문자열을 지원한다. String 객체는 변경할 수 없으므로 공유할 수
있다. 예:
            String str = "abc";

is equivalent to:
            char data[] = {'a', 'b', 'c'};
            String str = new String(data);

Here are some more examples of how strings can be used:
            System.out.println("abc");
            String cde = "cde";
            System.out.println("abc" + cde);
            String c = "abc".substring(2,3);
            String d = cde.substring(1, 2);
```

The class String includes methods for examining individual characters of the sequence, for comparing strings, for searching strings, for extracting substrings, and for creating a copy of a string with all characters translated to uppercase or to lowercase. Case mapping is based on the Unicode Standard version specified by the Character class.

The Java language provides special support for the string concatenation operator (+), and for conversion of other objects to strings. For additional information on string concatenation and conversion, see The Java™ Language Specification.

Unless otherwise noted, passing a null argument to a constructor or method in this class will cause a NullPointerException to be thrown.

String 클래스에는 시퀀스의 개별 문자 검사와 문자열의 비교 및 검색, 하위 문자열 추출, 모든 문자의 대소문자 변환 등의 메소드가 포함된다. 대소문자 매핑은 Character 클래스에서 지정한 유니코드 표준 버전을 기반으로 한다 .

Java 언어는 문자열 연결 연산자 (+) 및 다른 객체를 문자열로 변환하는 것을 지원한다. 문자열 연결 및 변환에 대한 추가 정보 는 Java ™ 언어 스펙을 참조하시오 .

별도의 언급이 없는 한, null을 클래스의 생성자 또는 메소드에 인수로 전달하면 NullPointerException이 발생한다.

uppercase	대문자
lowercase	소문자
Unicode	유니코드, 전 세계의 모든 문자를 컴퓨터에서 일관되게 표현하고 다룰 수 있도록 설계된 산업 표준
conversion	변환, 환산, 전환
concatenation	연결, 연쇄, 연속
otherwise	반면에, 그렇지 않으면
argument	인자, 인수, 프로그램내의 변수

A String represents a string in the UTF-16 format in which supplementary characters are represented by surrogate pairs (see the section Unicode Character Representations in the Character class for more information). Index values refer to char code units, so a supplementary character uses two positions in a String.

The String class provides methods for dealing with Unicode code points (i.e., characters), in addition to those for dealing with Unicode code units (i.e., char values).

Unless otherwise noted, methods for comparing Strings do not take locale into account. The Collator class provides methods for finer-grain, locale-sensitive String comparison.

IMPLEMENTATION NOTE:

The implementation of the string concatenation operator is left to the discretion of a

Java compiler, as long as the compiler ultimately conforms to The Java™ Language Specification. For example, the javac compiler may implement the operator with StringBuffer, StringBuilder, or java.lang.invoke.StringConcatFactory depending on the JDK version. The implementation of string conversion is typically through the method toString, defined by Object and inherited by all classes in Java.

Since:

1.0 See Also:

Object.toString(), StringBuffer, StringBuilder, Charset, Serialized Form

See The Java™ Language Specification:

15.18.1 String Concatenation Operator +

▶ 문자열은 추가 문자가 대리 쌍으로 표현되는 UTF-16 형식의 문자열을 나타낸다. (자세한 내용은 문자 클래스의 유니코드 문자 표현 섹션 참조). 색인 값은 문자 코드 단위를 나타내므로 추가 문자는 문자열에서 두 위치를 사용한다. String 클래스는 유니코드의 코드 단위(예: 문자 값)를 처리하기위한 것 외에도 유니코드 코드 포인트 (예: 문자)를 처리하는 메소드를 제공한다. 달리 언급하지 않는 한, 문자열 비교 방법은 위치를 고려하지 않는다. Collator 클래스는 세밀한 위치 구분 문자열 비교를 위한 메소드를 제공한다.

구현 참고:

컴파일러가 궁극적으로 Java ™ 언어 사양을 준수하는 한 문자열 연결 연산자의 구현은 Java 컴파일러의 재량에 맡겨진다 . 예를 들어, javac 컴파일러는 JDK 버전에 따라 StringBuffer, StringBuilder 또는 java.lang.invoke.StringConcatFactory와 연산자를 구현한다. 문자열 변환의 구현은 일반적으로 Java의 모든 클래스에서 toString으로 정의되고 Object를 상속하는 메소드를 통해 수행된다.

Since: 1.0

See Also:

Object.toString(), StringBuffer, StringBuilder, Charset, Serialized Form

See The Java™ Language Specification:

15.18.1 String Concatenation Operator +

UTF-16	16-bit Unicode Transformation Format, 유니코드 문자 인코딩 방식의 하나
supplementary	보충의, 추가의
surrogate	대용물, 대리
discretion	결정권, 분별
ultimately	결국, 마침내, 최후로
conform	일치하다, 따르다

8.4 Reading Recommendations

- Commenting
  링크: https://www.cs.utah.edu/~germain/PPS/Topics/commenting.html
- Javadoc Comments
  링크: http://javaworkshop.sourceforge.net/chapter4.html
- What does Javadoc mean?
  링크: https://www.techopedia.com/definition/7869/javadoc
- What exactly is javadoc?
  링크: https://stackoverflow.com/questions/19172015/what-exactly-is-javadoc

CHAPTER 9

How to read Software API Documents II

9.1 What is Arduino?

9.1.1 Arduino Definition

Arduino is an open-source hardware and software company, project and user community that designs and manufactures single-board microcontrollers and microcontroller kits for building digital devices. It's products are licensed under the GNU Lesser General Public License (LGPL) or the GNU General Public License (GPL), permitting the manufacture of Arduino boards and software distribution by anyone. Arduino boards are available commercially in preassembled form or as do-it-yourself(DIY) kits.

9.1.1 아두이노 정의

Arduino는 디지털 장치 구축을 위한 단일 보드 기반의 마이크로 컨트롤러이며, 마이크로 컨트롤러 키트를 설계 및 제조하는 오픈 소스 하드웨어, 소프트웨어 회사, 프로젝트 커뮤니티다. GNU Lesser General Public License(LGPL) 또는 GNU General Public License(GPL) 라이선스가 부여되므로 누구나 Arduino를 제조하고 소프트웨어를 배포할 수 있다. 사전에 조립된 형태 또는 DIY 키트로 판매되고 있다.

community	커뮤니티, 공동체, 사회, 단체
microcontroller	마이크로 컨트롤러, 마이크로프로세서와 입출력 모듈을 하나의 칩으로 만들어 정해진 기능을 수행하는 컴퓨터
GNU	그누, 운영체제의 하나이자 컴퓨터 소프트웨어의 모음, 자유 소프트웨어로 구성
lesser	작은, 부족한, 적은, 덜한
preassembled	사전 조직된, 사전에 만들어진
DIY	Do it yourself의 약자

9.1.2 GNU Lesser General Public License

The GNU Lesser General Public License (LGPL) is a free-software license published by the Free Software Foundation (FSF). The license allows developers and companies to use and integrate a software component released under the LGPL into their own (even proprietary) software without being required by the terms of a strong copyleft license to release the source code of their own components.

The GNU General Public License (GNU GPL or GPL) is a widely-used free software license, which guarantees end users the freedom to run, study, share and modify the software. The license was originally written by Richard Stallman of the Free Software Foundation (FSF) for the GNU Project, and grants the recipients of a computer program the rights of the Free Software Definition.

Arduino Uno R3

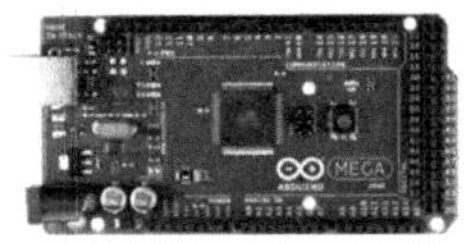

Arduino Mega 2560

Arduino Mega ADK

Arduino ESPLORA

Arduino Lily Pad

Arduino MKR1000

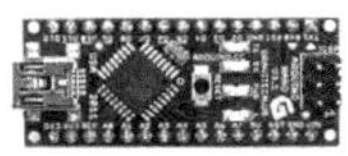

Arduino NANO

Arduino YUN

··· Etc.

9.1.2 GNU Lesser General Public License

LGPL(GNU Lesser General Public License)은 자유 소프트웨어 재단(FSF)의 "자유 소프트웨어 라이센스"이다. 이 라이센스를 통해 개발자와 회사는 LGPL로 배포된 소프트웨어 구성 요소를 사용하여 강력한 복제 저작권의 조항에 의해 요구되지 않고 자신의 구성 요소의 소스코드를 자신의 (독점적인) 소프트웨어에 통합/공개 할 수 있다.

GNU GPL(GNU General Public License)은 널리 사용되는 무료 소프트웨어 라이센스로, 최종 사용자에게 소프트웨어를 자유롭게 실행, 연구, 공유 및 수정할 수 있는 자유를 보장한다. 라이센스는 원래 GNU 프로젝트를 위한 "FSF(Free Software Foundation)"의 "Richard Stallman"에 의해 작성되었으며, 컴퓨터 프로그램을 받는 이에게 자유 소프트웨어 정의의 권리를 부여한다

FSF	자유 소프트웨어 재단, Free Software Foundation
copyleft license	카피레프트, 독점적인 의미의 저작권에 반대되는 개념으로 저작권에 기반을 둔 사용 일부 제한이 아니라 저작권을 기반으로 한 정보의 공유를 위한 것을 라이센스로 사용 조건을 정리한 것
definition	정의, 개념, 의미

9.1.3 How to run the Arduino

The Arduino IDE supports the languages C and C++ using special rules of code structuring. The Arduino IDE supplies a software library from the Wiring project, which provides many common input and output procedures. User-written code only requires two basic functions, for starting the sketch and the main program loop, that are compiled and linked with a program stub main() into an executable cyclic executive program with the GNU toolchain, also included with the IDE distribution. The Arduino IDE employs the program avrdude to convert the executable code into a text file in hexadecimal encoding that is loaded into the Arduino board by a loader program in the board's firmware.

9.1.3 아두이노 동작하기

Arduino IDE는 특수한 코드 구조 규칙을 사용하여 C언어 및 C++언어를 지원한다. Arduino IDE는 Wiring 프로젝트에서 소프트웨어 라이브러리를 제공한다. 이 라이브러리는 많은 일반적인 입출력 절차를 제공한다. 사용자 작성 코드는 스케치와 메인 프로그램 루프를 시작하기 위한 두 가지 기본 기능만 필요로 한다. 이 기능은 스케치와 메인 프로그램 루프를 시작하기 위해 GNU 툴 체인과 실행 주기적인 프로그램으로 컴파일 되고 링크되며 IDE 배포에도 포함된다. Arduino IDE는 프로그램 avrdude를 사용하여 실행 가능한 코드를 16진수 인코딩의 텍스트 파일로 변환한다. 16진수 인코딩은 Arduino 보드에 로드된 보드 펌웨어 로더 프로그램에 의해서 로드된다.

toolchain	툴체인, 주로 다른 컴퓨터 또는 시스템의 소프트웨어 제품을 만드는 데 사용되는 컴퓨터 프로그램 개발 도구들의 집합
hexadecimal	16진법의, 16진수

9.2 Arduino API

9.2.1 Digital I/O

DESCRIPTION

Reads the value from a specified digital pin, either HIGH or LOW.

SYNTAX

digitalRead(pin)

PARAMETERS

pin: the Arduino pin number you want to read

RETURNS

HIGH or LOW

```
Example Code
Sets pin 13 to the same value as pin 7, declared as an input.
int ledPin =13;        // LED connected to digital pin 13
int inPin =7;          // pushbutton connected to digital pin 7
int val =0;    // variable to store the read value
void setup() {
   pinMode(ledPin, OUTPUT);  // sets the digital pin 13 as output
   pinMode(inPin, INPUT);    // sets the digital pin 7 as input
}
void loop() {
   val = digitalRead(inPin);  // read the input pin
   digitalWrite(ledPin, val); // sets the LED to the button's value
}
```

설명

지정된 디지털 핀에서 값을 읽는다(높음 또는 낮음).

문법

digitalRead(pin)

매개변수

핀: 읽으려는 Arduino 핀 번호

반환

HIGH 또는 LOW

```
예제 코드
13번 핀을 입력으로 선언된 7번 핀과 같은 값으로 설정한다.
int ledPin =13;        // 디지털 13번 핀에 연결된 LED
int inPin =7;  // 디지털 7번 핀에 연결된 푸시 버튼
int val =0;    // 입력 값을 저장하는 변수
void setup() {
   pinMode(ledPin, OUTPUT);  // 디지털 13번 핀을 출력으로 설정
   pinMode(inPin, INPUT);    // 디지털 7번 핀을 입력으로 설정
}
void loop() {
   val = digitalRead(inPin);  // 입력 핀에서 값 읽기
   digitalWrite(ledPin, val); // LED를 버튼 값으로 설정
}
```

9.2.2 digitalWrite()

DESCRIPTION

Write a HIGH or a LOW value to a digital pin.

If the pin has been configured as an OUTPUT with pinMode(), its voltage will be set to the corresponding value: 5V (or 3.3V on 3.3V boards) for HIGH, 0V (ground) for LOW.

If the pin is configured as an INPUT, digitalWrite() will enable (HIGH) or disable (LOW) the internal pullup on the input pin. It is recommended to set the pinMode() to INPUT_PULLUP to enable the internal pull-up resistor. See the Digital Pins tutorial for more information.

If you do not set the pinMode() to OUTPUT, and connect an LED to a pin, when calling digitalWrite(HIGH), the LED may appear dim. Without explicitly setting pinMode(), digitalWrite() will have enabled the internal pull-up resistor, which acts like a large current-limiting resistor.

SYNTAX

digitalWrite(pin, value)

PARAMETERS

pin: the Arduino pin number.

value: HIGH or LOW.

```
Example Code
The code makes the digital pin 13 an OUTPUT and toggles it by al-
ternating between HIGH and LOW at one second pace.
void setup() {
   pinMode(13, OUTPUT);       // sets the digital pin 13 as output
}
void loop() {
   digitalWrite(13, HIGH);    // sets the digital pin 13 on
   delay(1000);               // waits for a second
   digitalWrite(13, LOW);     // sets the digital pin 13 off
   delay(1000);               // waits for a second
}
```

기술

디지털 핀에 HIGH 또는 LOW 값을 쓰시오.

핀이 pinMode()를 사용하여 OUTPUT으로 구성된 경우, voltageHIGH의 경우 5V (또는 3.3V 보드의 3.3V), LOW의 경우 0V (접지) 값이 해당 값으로 설정된다.

핀이 INPUT으로 구성된 경우 digitalWrite()는 입력 핀의 내부 풀업을 활성화(HIGH) 또는 비활성화(LOW) 한다. 내부 풀업 저항을 활성화하려면 pinMode()를 INPUT_PULLUP으로 설정하는 것이 좋다. 자세한 내용은 "디지털 핀"자습서를 참조하시오.

pinMode()를 OUTPUT으로 설정하지 않고 digitalWrite(HIGH)를 호출할 때 LED를 핀에 연결하면 LED가 희미하게 나타날 수 있다. pinMode()를 명시적으로 설정하지 않으면 digitalWrite()는 내부 풀업 저항을 활성화하여 큰 전류 제한 저항처럼 작동한다.

문법

digitalWrite(핀, 값)

매개변수

핀: Arduino 핀 번호.

값: HIGH 또는 LOW.

```
예제 코드
이 코드는 디지털 13번 핀을 OUTPUT으로 만들고, 1초 간격으로 HIGH와 LOW를 번갈아 가면서 전환한다.
void setup() {
   pinMode(13, OUTPUT); // 디지털 13번 핀을 출력으로 설정
}
void loop() {
   digitalWrite(13, HIGH); // 디지털 13번 핀을 켠다
   delay(1000); // 1초 대기
   digitalWrite(13, LOW); // 디지털 13번 핀을 끈다
   delay(1000); // 1초 대기
}
```

corresonding	상응하는
resistor	레지스터

9.2.3 Analog I/O

ANALOGREAD()

DESCRIPTION

Reads the value from the specified analog pin. Arduino boards contain a multichannel, 10-bit analog to digital converter. This means that it will map input voltages between 0 and the operating voltage(5V or 3.3V) into integer values between 0 and 1023. On an Arduino UNO, for example, this yields a resolution between readings of: 5 volts /1024 units or, 0.0049 volts (4.9mV) per unit. See the table below for the usable pins, operating voltage and maximum resolution for some Arduino boards.

The input range can be changed using analogReference(), while the resolution can be changed (only for Zero, Due and MKR boards) using analogReadResolution().

On ATmega based boards (UNO, Nano, Mini, Mega), it takes about 100 microseconds (0.0001s) to read an analog input, so the maximum reading rate is about 10,000 times a second.

*A0 through A5 are labelled on the board, A6 through A11 are respectively available on pins 4, 6, 8, 9, 10, and 12

**The default analogRead() resolution for these boards is 10 bits, for compatibility. You need to use analogReadResolution() to change it to 12 bits.

SYNTAX

analogRead(pin)

PARAMETERS

pin: the name of the analog input pin to read from (A0 to A5 on most boards, A0 to A6 on MKR boards, A0 to A7 on the Mini and Nano, A0 to A15 on the Mega).

```
Example Code
The code reads the voltage on analogPin and displays it.
int analogPin = A3;
// potentiometer wiper (middle terminal) connected to analog pin 3
// outside leads to ground and +5V
int val =0; // variable to store the value read
void setup() {
   Serial.begin(9600); // setup serial
}
void loop() {
   val = analogRead(analogPin); // read the input pin
   Serial.println(val); // debug value
}
```

BOARD	OPERATING VOLTAGE	USABLE PINS	MAX RESOLUTION
Uno	5 Volts	A0 to A5	10 bits
Mini, Nano	5 Volts	A0 to A7	10 bits
Mega, Mega2560, MegaADK	5 Volts	A0 to A14	10 bits
Micro	5 Volts	A0 to A11*	10 bits
Leonardo	5 Volts	A0 to A11*	10 bits
Zero	3.3 Volts	A0 to A5	12 bits**
Due	3.3 Volts	A0 to A11	12 bits**
MKR Family boards	3.3 Volts	A0 to A6	12 bits**

기술

지정된 아날로그 핀에서 값을 읽는다. Arduino 보드에는 멀티 채널, 10비트 아날로그-디지털 변환기가 포함되어 있다. 이것은 0과 작동 전압 (5V 또는 3.3V) 사이의 입력 전압을 0과 1023 사이의 정수 값으로 매핑한다는 것을 의미한다. 예를 들어 Arduino UNO에서는 5 볼트 /1024 단위 또는 단위당 0.0049V (4.9mV)로 매핑된다. 일부 Arduino 보드의 사용 가능한 핀, 작동 전압 및 최대 해상도는 아래 표를 참조하시오.

analogReference()를 사용하여 입력 범위를 변경할 수 있고 analogReadResolution()을 사용하여 해상도를 변경할 수 있다 (Zero, Due 및 MKR 보드에만 해당).

ATmega 기반 보드 (UNO, Nano, Mini, Mega)에서는 아날로그 입력을 읽는 데 약 100 마이크로 초 (0.0001초)가 걸리므로 최대 판독 속도는 초당 약 10,000배 이다.

* A0 ~ A5는 보드에 표시되어 있고 A6 ~ A11은 핀 4, 6, 8, 9, 10 및 12에서 각각 사용할 수 있다.

** 이 보드의 기본 analogRead() 해상도는 10비트다. analogReadResolution()을 사용하여 12비트로 변경해야 한다.

문법

analogRead(pin)

매개변수

핀: 읽을 아날로그 입력 핀의 이름 (대부분의 보드에서 A0 ~ A5, MKR 보드에서 A0 ~ A6, 미니 및 나노에서 A0 ~ A7, 메가에서 A0 ~ A15).

```
예제 코드
이 코드는 analogPin의 전압을 읽고 출력한다.
int analogPin = A3;
// 전위차계 와이퍼(중간 단자)를 아날로그 3번 핀에 연결
// 외부는 접지와 +5V에 연결
int val =0; // 입력 값을 저장하기 위한 변수
void setup() {
   Serial.begin(9600); // 시리얼 설정
}
void loop() {
   val = analogRead(analogPin); // 입력 핀 읽기
   Serial.println(val); // 디버그 값
}
```

보드	작동 전압	사용 가능 핀	최대 해상도
우노	5 볼트	A0 to A5	10 비트
미니, 나노	5 볼트	A0 to A7	10 비트
메가, 메가2560, 메가ADK	5 볼트	A0 to A14	10 비트
마이크로	5 볼트	A0 to A11*	10 비트
레오나르도	5 볼트	A0 to A11*	10 비트
제로	3.3 볼트	A0 to A5	12 비트**
듀에	3.3 볼트	A0 to A11	12 비트**
MKR 패밀리 보드	3.3 볼트	A0 to A6	12 비트**

usable	사용 가능한, 사용하기 좋은, 편리한
resolution	해상도
compatibility	호환성

9.2.4 Math

ABS()

DESCRIPTION

Calculates the absolute value of a number.

SYNTAX

abs(x)

PARAMETERS

x: the number

RETURNS

x: if x is greater than or equal to 0.

-x: if x is less than 0.

```
Notes and Warnings
Because of the way the abs() function is implemented, avoid using
other functions inside the brackets, it may lead to incorrect re-
sults.
abs(a++);
// avoid this - yields incorrect results
// use this instead:
abs(a); a++;
// keep other math outside the function
```

기술

숫자의 절댓값을 계산한다.

문법

abs (x)

매개변수

x: 숫자

반환

x: x가 0보다 크거나 같은 경우

-x: x가 0보다 작은 경우

```
참고 및 경고
abs() 함수가 구현되는 방식 때문에 대괄호 안에 다른 함수를 사용하지 마시오. 잘못
된 결과가 나올 수 있음.
abs(a++);
// 사용하지 마시오. - 잘못된 결과
// 대신 아래를 사용하시오
abs(a); a++;
// 수식은 함수 밖에서 사용하시오.
```

bracket 브라켓, 대괄호, []

MAP()

DESCRIPTION

Re-maps a number from one range to another. That is, a value of fromLow would get mapped to toLow, a value of fromHigh to toHigh, values in-between to values in-between, etc.

Does not constrain values to within the range, because out-of-range values are sometimes intended and useful. The constrain() function may be used either before or after this function, if limits to the ranges are desired.

Note that the "lower bounds" of either range may be larger or smaller than the "upper bounds" so the map() function may be used to reverse a range of numbers, for example y = map(x, 1, 50, 50, 1);

The function also handles negative numbers well, so that this example y = map(x, 1, 50, 50, -100);

is also valid and works well.

The map() function uses integer math so will not generate fractions, when the math might indicate that it should do so. Fractional remainders are truncated, and are not rounded or averaged.

SYNTAX

map(value, fromLow, fromHigh, toLow, toHigh)

PARAMETERS

value: the number to map.

fromLow: the lower bound of the value's current range.fromHigh: the upper bound of the value's current range.

toLow: the lower bound of the value's target range.

toHigh: the upper bound of the value's target range.

```
Example Code
/* Map an analog value to 8 bits (0 to 255) */
void setup() {}
void loop() {
   int val = analogRead(0);
   val = map(val, 0, 1023, 0, 255);
   analogWrite(9, val);
}
```

기술

한 범위에서 다른 범위로 숫자를 다시 매핑한다. 즉 fromLow의 값은 toLow로, fromHigh의 값은 toHigh로 설정되어 범위의 각 값이 매핑된다.

범위를 벗어난 값이 때로는 의도되었거나 유용하기 때문에 값을 범위 내로 제한하지 않는다. 범위 제한이 필요한 경우, constrain() 함수가 이 함수 전 또는 후에 사용될 수 있다.

범위의 하한이 상한보다 크거나 작을 수 있으므로 map() 함수를 사용하여 숫자 범위를 반대로 할 수 있다. 예: y =map(x, 1, 50, 50, 1);

이 함수는 음수도 잘 처리하므로 이 예제에서는 y =map(x, 1, 50, 50, -100); 또한 잘 작동한다. map() 함수는 정수를 사용하므로 실수를 생성하지 않는다. 소수점 이하 부분은 절사하고, 평균 또는 반올림되지 않는다.

문법

map (값, fromLow, fromHigh, toLow, toHigh)

매개변수

값: 매핑 할 숫자

fromLow: 값의 현재 범위 하한

fromHigh: 값의 현재 범위의 상한

toLow: 값의 목표 범위의 하한

toHigh: 값의 목표 범위의 상한

```
예제 코드
/* 아날로그 값을 8비트(0~255)로 매핑 */
void setup() {}
void loop() {
   int val = analogRead(0);
   val = map(val, 0, 1023, 0, 255);
   analogWrite(9, val);
}
```

indicate	나타내다, 표시하다, 가리키다
fractional	분수의, 단편적인

remainder	나머지
truncate	끝을 자르다, 일부를 생략하여 줄이다, 꼭대기를 자르다
round	반올림

POW()

DESCRIPTION

Calculates the value of a number raised to a power. pow() can be used to raise a number to a fractional power. This is useful for generating exponential mapping of values or curves.

SYNTAX

pow(base, exponent)

PARAMETERS

base: the number.

Allowed data types: float.

exponent: the power to which the base is raised.

Allowed data types: float.

```
Example Code
Calculate the value of x raised to the power of y:
z = pow(x, y);
See the (fscale) sketch for a more complex example of the use of
pow().
```

기술

거듭 제곱 한 숫자의 값을 계산한다. pow()를 사용하면 숫자를 분수로 올릴 수 있다. 이는 값 또는 곡선의 지수 매핑을 생성하는 데 유용하다.

문법

pow(밑수, 지수)

매개변수

밑수: 숫자

허용되는 데이터 유형: float

지수: 밑수를 곱하는 횟수

허용되는 데이터 유형: float

```
예제 코드
x값의 y승을 계산
z = pow(x, y);
pow() 함수 사용에 대한 보다 상세한 예제는 (fscale) sketch를 참조하시오.
```

power	거듭제곱
exponent	지수

9.2.5 Random Numbers

RANDOM()

DESCRIPTION

The random function generates pseudo-random numbers.

SYNTAX

random(max)

random(min, max)

PARAMETERS

min: lower bound of the random value, inclusive (optional).

max: upper bound of the random value, exclusive.

```
Example Code
The code generates random numbers and displays them.
long randNumber;
void setup() {
   Serial.begin(9600);
/* if analog input pin 0 is unconnected, random analog
 noise will cause the call to randomSeed() to generate
 different seed numbers each time the sketch runs.
 randomSeed() will then shuffle the random function. */
   randomSeed(analogRead(0));
}
void loop() {
// print a random number from 0 to 299
   randNumber = random(300);
   Serial.println(randNumber);
// print a random number from 10 to 19
   randNumber = random(10, 20);
   Serial.println(randNumber);
   delay(50);
}
```

기술

랜덤 함수는 유사 난수를 생성한다.

문법

random(최댓값)

random(최솟값, 최댓값)

매개변수

최솟값: 임의의 하한값(포함)이다. (선택 사항)

최댓값: 난수의 상한값(미포함)

```
예제 코드
이 코드는 난수를 생성하고 출력한다.
long randNumber;
void setup() {
   Serial.begin(9600);
/* 아날로그 입력 0번 핀이 연결되어 있지 않으면, 임의의 아날로그 노이즈로 인하여
스케치가 실행 될 때마다 randomSeed() 호출을 통해 다른 시드 번호를 생성한다.
randomSeed()는 랜덤 함수를 섞는다. */
   randomSeed(analogRead(0));
}
void loop() {
// 0부터 299 사이의 난수를 출력
    randNumber = random(300);
    Serial.println(randNumber);
// 10부터 19 사이의 난수를 출력
    randNumber = random(10, 20);
   Serial.println(randNumber);
   delay(50);
}
```

pseudo	의사의, 유사의, 가짜의, 모조의

RANDOMSEED()

DESCRIPTION

randomSeed() initializes the pseudo-random number generator, causing it to start at an arbitrary point in its random sequence. This sequence, while very long, and random, is always the same.

If it is important for a sequence of values generated by random() to differ, on subsequent executions of a sketch, use randomSeed() to initialize the random number generator with a fairly random input, such as analogRead() on an unconnected pin.

Conversely, it can occasionally be useful to use pseudo-random sequences that repeat exactly. This can be accomplished by calling randomSeed() with a fixed number, before starting the random sequence.

SYNTAX

randomSeed(seed)

PARAMETERS

seed: number to initialize the pseudo-random sequence.

Allowed data types: unsigned long.

```
Example Code
The code generates a pseudo-random number and sends the generated
number to the serial port.
long randNumber;
void setup() {
   Serial.begin(9600);
   randomSeed(analogRead(0));
}
void loop() {
   randNumber = random(300);
   Serial.println(randNumber);
   delay(50);
}
```

설명

randomSeed()는 유사 난수 생성기를 초기화하여 임의 순서의 임의의 지점에서 시작한다. 이 시퀀스는 매우 길고 임의적이지만 항상 동일하다.

random()에 의해 생성된 일련의 값이 달라야 한다면, 스케치의 다음 실행에서 randomSeed()를 사용하여 연결되지 않은 핀에서 analogRead()를 통해 임의의 입력으로 난수 생성기를 초기화하시오.

반대로 정확하게 반복되는 유사 랜덤 시퀀스를 사용하는 것이 필요한 경우, 랜덤 시퀀스를 시작하기 전에 고정 번호로 randomSeed()를 호출하면 된다.

문법

randomSeed(seed)

매개변수

seed: 유사 난수 시퀀스를 초기화하는 숫자

허용 된 데이터 유형: unsigned long

```
예제 코드
이 코드는 유사 난수를 발생하여 시리얼 포드로 전송한다.
long randNumber;
void setup() {
   Serial.begin(9600);
```

```
   randomSeed(analogRead(0));
}
void loop() {
   randNumber = random(300);
   Serial.println(randNumber);
   delay(50);
}
```

arbitrary	임의의
conversely	거꾸로, 반대로
occasionally	가끔, 때때로, 종종, 자주
accomplished	성취된, 완성된

9.2.6 Time

MILLIS()

DESCRIPTION

Returns the number of milliseconds passed since the Arduino board began running the current program. This number will overflow (go back to zero), after approximately 50 days.

SYNTAX

time = millis()

PARAMETERS

None

```
Example Code
This example code prints on the serial port the number of milli-
seconds passed since the Arduino board started running the code
itself.
unsigned long time;
void setup() {
   Serial.begin(9600);
}
void loop() {
   Serial.print("Time: ");
   time = millis();
   Serial.println(time); //prints time since program started
   delay(1000); // wait a second so as not to send massive amounts
of data
}
```

설명

아두이노 보드가 현재 프로그램을 실행한 후 경과된 시간(밀리 초)을 반환한다.

이 숫자는 약 50일 후에 오버플로된다 (0으로 되돌아 감).

문법

time = millis()

매개변수

없음

```
예제 코드
이 예제 코드는 아두이노 보드가 코드를 실행한 후 경과된 시간(밀리 초)을 시리얼 포트
에 인쇄한다.
unsigned long time;
void setup() {
   Serial.begin(9600);
}
void loop() {
   Serial.print("Time: ");
   time = millis();
   Serial.println(time); //프로그램이 실행한 후의 경과 시간을 출력
   delay(1000); // 과도한 데이터 전송을 방지하기 위한 1초 대기
}
```

DELAY()

DESCRIPTION

Pauses the program for the amount of time (in milliseconds) specified as parameter. (There are 1000 milliseconds in a second.)

SYNTAX

delay(ms)

PARAMETERS

ms: the number of milliseconds to pause.

Allowed data types: unsigned long.

RETURNS

Nothing

```
Example Code
The code pauses the program for one second before toggling the
output pin.
int ledPin =13; // LED connected to digital pin 13
void setup() {
   pinMode(ledPin, OUTPUT); // sets the digital pin as output
}
void loop() {
   digitalWrite(ledPin, HIGH); // sets the LED on
   delay(1000); // waits for a second
   digitalWrite(ledPin, LOW); // sets the LED off
   delay(1000); // waits for a second
}
```

설명

매개변수로 지정된 시간(밀리 초) 동안 프로그램을 일시 정지한다. (1초 당 1000밀리초)

문법

delay(밀리초)

매개변수

밀리초: 일시 정지 할 시간 (밀리 초)

허용 된 데이터 유형: unsigned long

```
Example Code
이 코드는 출력 핀을 토글하기 전에 1초 동안 프로그램을 일시 정지한다.
int ledPin =13; // 디지털 13번 핀을 LED에 연결
void setup() {
   pinMode(ledPin, OUTPUT); // 디지털 핀을 출력으로 설정
}
void loop() {
   digitalWrite(ledPin, HIGH); // LED 켜기
   delay(1000); // 1초 대기
   digitalWrite(ledPin, LOW); // LED 끄기
   delay(1000); // 1초 대기
}
```

pause	일시 정지, 멈춤, 중단
toggle	토글

9.3 Reading Recommendations

- Arduino
  링크: https://en.wikipedia.org/wiki/Arduino
- Language Reference
  링크: https://www.arduino.cc/reference/en/

CHAPTER 10

What is Github?

Sentence of this week

"There are only two kinds of programming languages:
those people always bitch about and those nobody uses"

_bjarne Stroustrup

이주의 명언

"프로그래밍 언어는 두 가지 종류가 있습니다: 사람들이 항상 욕하는 언어와 안 쓰는 언어"

_비잔 스트라우스트럽

10.1 What is Git

10.1.1 What is Git

distributed version-control system for tracking changes in source code during software development. Git was created by Linus Torvalds in 2005 for development of the Linux kernel, with other kernel developers contributing to its initial development.

Git is free and open-source software distributed under the terms of the GNU General Public License version 2

10.1.1 깃이란?

소프트웨어 개발 과정에서 소스코드의 변경 사항을 추적하기 위한 분산 버전 관리 시스템

리눅스 커널 개발을 위하여 초기 커널 개발에 기여한 다른 커널 개발자들과 함께 2005년에 리누스 토발즈가 처음 개발했다. Git은 GNU General Puble License(GPL) 버전 2의 조항에 따라 배포되는 무료 오픈소스 소프트웨어다.

initial 초기의, 원래의

10.1.2 What is Version control system?

- A system that keeps records of your changes
- Allows for collaborative development
- Users keep entire code and history on their location machines.(revert any changes and go back to a previous state)
- Users can make any changes without internet access

10.1.2 버전 관리 시스템이란?

- 사용자의 수정 이력을 기록하는 시스템
- 공동 개발 가능
- 사용자는 자신의 컴퓨터에 전체 코드와 기록을 보관한다.(어떤 수정사항이라도 되돌리고 이전 상태로 돌아감)
- 인터넷 연결 없이도 수정 사항을 만들 수 있음

collaborative 협업하는, 협력적인, 공동 제작의

10.1.3 Why Git?

According to the latest Stack Overflow developer survey, more than 70 percent of developers use Git, making it the most-used VCS in the world. Git is commonly used for both open source and commercial software development, with significant benefits for individuals, teams and businesses.

1) Git lets developers see the entire timeline of their changes, decisions, and progression of any project in one place. From the moment they access the history of a project, the developer has all the context they need to understand it and start contributing.
2) Developers work in every time zone. With a DVCS like Git, collaboration can happen any time while maintaining source code integrity. Using branches, developers can safely propose changes to production code.
3) Businesses using Git can break down communication barriers between teams and keep them focused on doing their best work. Plus, Git makes it possible to align experts across a business to collaborate on major projects.

10.1.3 왜 깃인가?

최근 스택 오버플로 개발자를 대상으로 한 설문조사에 따르면, 70% 이상의 개발자가 깃을 사용하므로 깃이 세계에서 가장 널리 쓰이는 VCS(버전 관리 시스템)이 되었다. 깃은 개인과 팀, 사업체에 큰 장점이 있어 오픈소스는 물론 상용 소프트웨어에도 널리 사용된다.

1) 깃은 개발자들에게 어떤 프로젝트라도 변경 내용과 결정 내용, 진행 과정에 대해 한 번에 전체 타임 라인을 볼 수 있도록 해준다. 프로젝트의 과거 진행 과정(히스토리)에 접근하는 순간부터 개발자는 프로젝트를 이해하고 기여하기 시작하는 데 필요한 모든 내용(컨텍스트)을 가지게 된다.

2) 개발자는 전 세계에서 작업한다. 깃과 같은 DVCS(분산 버전 관리 시스템)을 사용하면 언제든지 소스코드의 무결성을 유지하면서 공동 작업을 수행할 수 있다. 개발자는 브랜치를 사용하여 제작(생산, 프로덕션) 코드 변경을 안전하게 제안할 수 있다.

3) 깃을 사용하는 기업은 팀 간의 의사 소통 장벽을 허물고 최상의 업무 수행에 집중할 수 있다. 추가적으로 깃은 사업 전반에 걸쳐 전문가를 재배치하여 핵심 프로젝트에 대해 협업할 수 있도록 한다.

VCS	Version Control System
DVCS	Distributed VCS
branch	가지, 분기

10.1.4 What is a repository

A repository, or Git project, encompasses the entire collection of files and folders associated with a project, along with each file's revision history. The file history appears as snapshots in time called commits, and the commits exist as a linked-list relationship, and can be organized into multiple lines of development called branches.

10.1.4 저장소란?

저장소(리파지토리) 또는 깃 프로젝트는 각 파일의 개정(리비전) 내역과 프로젝트 관련 파일 및 폴더 전체 모음을 포함한다. 파일 히스토리는 커밋 시점의 스냅샷으로 나타나며, 커밋은 관례에 대한 연결 리스트(링크드 리스트)로 존재하고 브랜치라고 하는 여러 개발 라인으로 구성된다.

encompass	~을 둘러싸다, ~을 포함하다, 포위하다
revision	개정, 수정, 교정

10.1.5 Git Manual

- How does git work?
  - Can be complicated at first, but there are a few key concepts
  - Important git terminology in following slides are blue
- Key Concepts: Snapshots
  - The way git keeps track of your code history
  - Essentially records what all your files look like at a given point in time
  - You decide when to take a snapshot, and of what files
  - Have the ability to go back to visit any snapshot

- Your snapshots from later on will stay around, too

- Key Concepts: Commit
  - The act of creating a snapshot
  - Can be a noun or verb
  - "I commited code"
  - "I just made a new commit"
  - Essentially, a project is made up of a bunch of commits
  - Commits contain three pieces of information:
  - Information about how the files changed from previously
  - A reference to the commit that came before it Called the "parent commit"
  - A hash code name Will look something like: fb2d2ec5069fc6776c80b3ad6b7cbde3cade4e
- Key Concepts: Repositories
  - Often shortened to 'repo'
  - A collection of all the files and the history of those files
  - Consists of all your commits
  - Place where all your hard work is stored
  - Can live on a local machine or on a remote server (GitHub!)
  - The act of copying a repository from a remote server is called cloning
  - Cloning from a remote server allows teams to work together
  - The process of downloading commits that don't exist on your machine from a remote repository is called pulling changes
  - The process of adding your local changes to the remote repository is called pushing changes
- Key Concepts: Branches
  - All commits in git live on some branch
  - But there can be many, many branches
  - The main branch in a project is called the master branch
- So, what does a typical project look like?
  - A bunch of commits linked together that live on some branch, contained in a repository
  - Following images taken and modified from:
  - http://marklodato.github.io/visual-git-guide/index-en.html
  - Also a good tutorial!

- Key Concepts: How do you make a commit anyway?
  - The process:
    - · Make some changes to a file
    - · Use the 'git add' command to put the file onto the staging environment
    - · Use the 'git commit' command to create a new commit
- Key Concepts: Branching or of the master branch
  - The start of a branch points to a specific commit
  - When you want to make any changes to your project you make a new branch based on a commit

10.1.5 깃 매뉴얼

- 깃은 어떻게 동작하는가?
  - 처음에는 복잡할 수 있지만 몇 가지 중요한 개념이 있다.
  - 다음 슬라이드에서 중요한 깃 용어가 파란색으로 표시되어 있다.
- 주요 개념: 스냅샷
  - 깃이 코드의 히스토리를 추적하는 방법
  - 주어진 특정 시간에 모든 파일이 어떻게 보이는지 필수적으로 기록
  - 어떤 파일은 언제 스냅샷을 만들지 당신이 결정한다.
  - 어떤 스냅샷이든 돌아갈 수 있는 기능
  - 추후 스냅샷 유지
- 주요 개념: 커밋
  - 스냅샷을 만드는 행위
  - 동사와 명사로 모두 사용 가능
  - "나는 코드를 커밋했다"
  - "나는 방금 새 커밋을 만들었다."
  - 기본적으로 프로젝트는 커밋의 묶음으로 구성된다.
  - 커밋은 3가지 정보를 포함한다.
  - 파일이 이전부터 어떻게 변경되었는지에 대한 정보
  - 부모 커밋이라고 부르는 이전 커밋에 대한 레퍼런스
  - 아래와 같은 해시 코드 이름: fb2d2ec5069fc6776c80b3ad6b7cbde3cade4e
- 주요 개념: 저장소(Repositories)
  - 종종 줄여서 레포(repo)로 표현
  - 모든 파일과 해당 파일의 기록 모음
  - 모든 커밋으로 구성
  - 당신의 모든 노력이 저장된 장소
  - 로컬 컴퓨터 또는 원격 서버(깃허브)에 존재
  - 원격 서버에 저장소를 복사하는 것을 복제(cloning)라고 함

- 원격 서버에 복제하면 모든 팀원이 함께 작업 가능
- 원격 저장소에서 컴퓨터에 없는 커밋을 다운로드하는 과정을 가져오기(풀, pull)라고 한다.
- 로컬 변경 내용을 원격 저장소에 추가하는 과정을 밀어내기(푸시, push)라고 한다.

• 주요 개념: 브랜치(가지, 지점, branch)
- 깃의 모든 커밋은 어떤 브랜치에 속함
- 수 많은 브랜치가 존재할 수 있다.
- 프로젝트의 주요 브랜치를 마스터 브랜치라고 한다.

• 전형적인 프로젝트는 어떻게 생겼는가?
- 저장소에 포함된 일부 브랜치에 서로 연결되어 있는 커밋 묶음
- 다음 링크를 참조하시오.
- http://marklodato.github.io/visual-git-guide/index-en.html
- 아주 좋은 튜토리얼이다.

• 주요 개념: 아무튼 어떻게 커밋 하는가?
- 과정:
  · 파일을 일부 수정
  · 'git add' 명령을 사용하여 파일을 준비 환경에 넣는다.
  · 'git commit' 명령을 사용하여 새로운 커밋을 만든다.

• 주요 개념: 마스터 브랜치에서 브랜치 하기
- 브랜치 지점의 시작은 특정 커밋을 가리킨다.
- 프로젝트에 새로운 변경사항을 만들고 싶을 때에는 커밋을 기반으로 새 브랜치를 만든다.

complicate	복잡한, 복합적인, 난해한
terminology	전문용어

10.2 What is Github?

10.2.1 What is Github?

• Largest web-based git repository hosting service

• Allows for code collaboration with anyone online

• Adds extra functionality on top of git
  - UI, Documentation, bug tracking, feature requests etc.

• Also has an Enterprise edition for businesses

10.2.1 깃허브란?

- 가장 큰 웹 기반 깃 저장소 호스팅 서비스
- 온라인 사용자와 코드 공동 작업 가능
- 기존 깃에 여러 기능들이 추가되었음
  - 사용자 인터페이스, 문서화, 버그 추적, 기능 요청 등
- 기업용 엔터프라이즈 버전도 있음

hosting　　호스팅, 인터넷 서버를 운영하는 서비스

10.2.2 Why Github?

- Github offers repository for free
- Largest host of source code in the world.
- Github account can be act as portfolios
  - Commit history, created issue, own projects, etc.
- Seamless code review
  - Code review is the surest path to better code, and it's fundamental to how GitHub works. Built-in review tools make code review an essential part of your team's process.
- Manage your ideas
  - Coordinate early, stay aligned, and get more done with GitHub's project management tools.
- The right tools for the job
  - Browse and buy apps from GitHub Marketplace with your GitHub account. Find the tools you like or discover new favorites—then start using them in minutes.
- The human side of software
  - Building software is as much about managing teams and communities as it is about code. Whether you're on a team of two or two thousand, we've got the support your people need.
- All together now
  - With a community of 40 million developers, there are plenty of opportunities to connect with like-minded developers and the projects they create.
- Documentation alongside your code
  - Quality documentation is a hallmark of any healthy software project. On GitHub, you can create well-maintained docs and make sure they receive the high level of c are they deserve.
- All your code in one place
  - GitHub is one of the largest code hosts in the world with over 100 million proj-

ects. Private, public, or open source, all repositories are equipped with tools to help you host, version, and release code.

10.2.2 왜 깃허브인가?

- 원격 저장소를 무료로 제공함
- 세계에서 가장 많은 양의 소스코드를 보유
- Github 계정은 포트폴리오로 사용 가능
  - 커밋 이력, 생성 이슈, 프로젝트 등
- 원활한 코드 검토
  - 코드 검토는 더 나은 코드를 만드는 가장 확실한 방법이며 깃허브 동작의 가장 기본적인 방식이다. 내장된 검토 도구들은 코드 검토를 팀 프로세스의 필수적인 부분이 되도록 한다.
- 아이디어 관리
  - 깃허브의 프로젝트 관리 도구를 사용해서 일정을 조기에 조정하여 더 많은 작업을 진행한다.
- 작업에 적합한 도구
  - 깃허브 계정으로 깃허브 마켓플레이스에서 애플리케이션을 탐색하고 구매한다. 마음에 드는 도구를 찾거나 새로운 즐겨찾기를 찾고 바로 사용해보자.
- 소프트웨어의 인간적인 측면
  - 소프트웨어 개발은 코드와 마찬가지로 팀과 커뮤니티를 관리하는 것이다. 팀원이 2명이든 2000명이든 우리는 당신에게 필요한 것을 지원할 것이다.
- 이제 다 같이
  - 4천만 명의 개발자 커뮤니티를 통하여 같은 생각을 가진 개발자 및 이들이 만든 프로젝트와 연결할 수많은 기회가 있다.
- 코드와 함께하는 문서
  - 품질 문서는 모든 건강한 소프트웨어 프로젝트의 특징이다. 깃허브에서 잘 관리된 문서를 작성하여 높은 수준의 프로젝트 관리를 할 수 있다.
- 모든 코드를 한 곳에서
  - 깃허브는 1억 개 이상의 프로젝트를 보유한 세계 최대의 코드 호스트 중 하나이다. 개인 또는 공개, 오픈 소스 등의 모든 저장소에는 코드를 호스팅하고 버전을 관리하고 배포하는 데 도움이 되는 도구들이 있다.

hallmark 품질 증명, 우량 마크, 특징

10.3 Popular projects in Github

10.3.1 Vue

- Vue is a javascript framework for building user interfaces
- Easy to learn compared to other frameworks
- Low overhead and fast performance
- Many useful modules for development

10.3.1 Vue

- 뷰는 사용자 인터페이스 구축을 위한 자바스크립트 프레임워크이다.
- 타 프레임워크 대비 쉬운 학습
- 빠른 성능 대비 낮은 오버헤드
- 개발을 위한 수 많은 유용한 모듈

10.3.2 React

- React was created by Jordan Walke, SW engineer at Facebook
- React is a javascript framework for building user interfaces
- Has the highest share of the Frontend frameworks
- Improve the application performance using Virtual DOM

10.3.2 React

- 리액트는 페이스북 SW 엔지니어 Jordan Walke가 개발했다.
- 리액트는 사용자 인터페이스 개발용 자바스크립트 프레임워크이다.
- 프론트엔드 프레임워크 중 가장 높은 점유율
- Virtual DOM을 이용한 응용 프로그램 성능 향상

DOM	문서 객체 모델, Document Object Model

10.3.3 Bootstrap

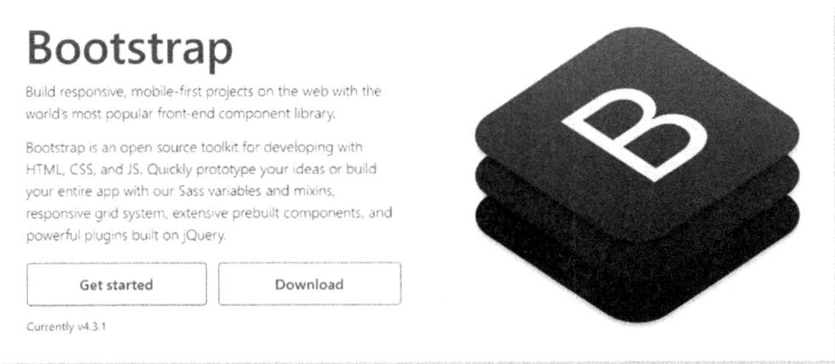

- Bootstrap is mobile-first front-end web framework
- Responsive web development is easier than other frameworks
- There are many example pages created with bootstrap

10.3.3 Bootstrap

- 부트스트랩은 모바일 우선 프론트엔드 웹 프레임워크이다.
- 타 프레임워크 대비 쉬운 반응형 웹 개발
- 부트스트랩으로 만든 수많은 예제 페이지가 있다.

10.3.4 Tensorflow

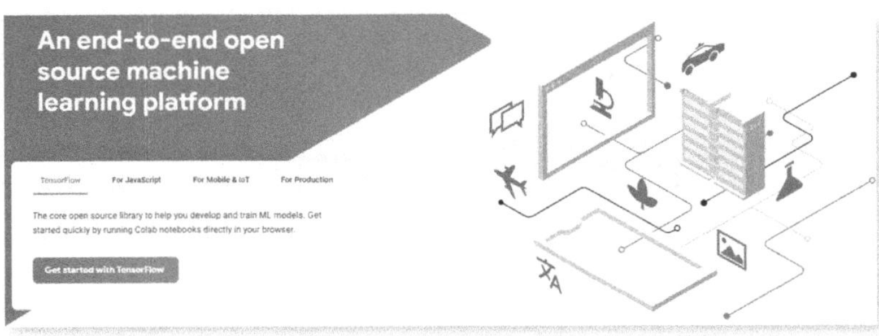

- TensorFlow is a free and open-source software library for dataflow and differentiable programming across a range of tasks
- TensorFlow was developed by the Google Brain team for internal Google use
- Used in most machine learning and deep learning projects

10.3.4 Tensorflow

- 텐서플로우는 다양한 작업에서 데이터 흐름 및 구분 가능한 프로그래밍을 위한 무료 오픈소스 소프트웨어 라이브러리이다.
- 텐서플로우는 구글 브레인팀이 구글 내부에서 사용하도록 개발했다.
- 대부분의 기계학습 및 딥러닝 프로젝트에서 사용

differentiable 구별할 수 있는, 판별이 가능한, 미분이 가능한

10.3.5 Gitignore

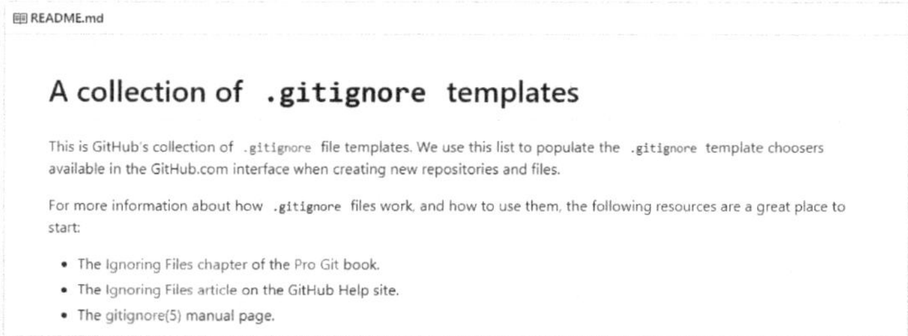
README.md

A collection of `.gitignore` templates

This is GitHub's collection of `.gitignore` file templates. We use this list to populate the `.gitignore` template choosers available in the GitHub.com interface when creating new repositories and files.

For more information about how `.gitignore` files work, and how to use them, the following resources are a great place to start:

- The Ignoring Files chapter of the Pro Git book.
- The Ignoring Files article on the GitHub Help site.
- The gitignore(5) manual page.

- Provides a collection of useful gitignore file templates when using Git or Github
- Projects based on contributions from different developers

10.3.5 Gitignore

- 깃 또는 깃허브 사용 시 유용한 gitignore 파일 템플릿 모음 제공
- 다양한 개발자들의 기여(컨트리뷰션) 기반으로 하는 프로젝트

10.3.6 Javascript

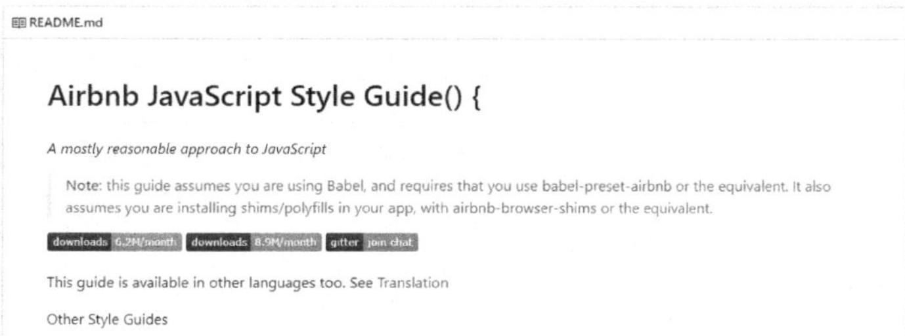
README.md

Airbnb JavaScript Style Guide() {

A mostly reasonable approach to JavaScript

> Note: this guide assumes you are using Babel, and requires that you use babel-preset-airbnb or the equivalent. It also assumes you are installing shims/polyfills in your app, with airbnb-browser-shims or the equivalent.

downloads 6.2M/month downloads 8.9M/month gitter join chat

This guide is available in other languages too. See Translation

Other Style Guides

• Javascript style guide for Javascript language users

• Also provides a guide to writing JavaScript within other frameworks

10.3.6 Javascript

- 자바스크립트 언어 사용자들을 위한 코드 작성 스타일 가이드
- 다른 프레임워크 내 자바스크립트 작성 가이드 또한 제공

10.4 Reading Recommendations

- 101 Great Computer Programming Quotes
  링크: http://www.devtopics.com/101-great-computer-programming-quotes/
- Git
  링크: https://en.wikipedia.org/wiki/Git
- How developers work
  링크: https://github.com/features
- Git and GitHub for Beginners
  링크: https://www.slideshare.net/HubSpot/git-101-git-and-github-for-beginners
- Top 20 Projects on Github
  링크: https://www.attosol.com/top-20-projects-on-github/
- Vue.js
  링크: https://ko.wikipedia.org/wiki/Vue.js
- 깃허브 vue.js/vue
  링크: https://github.com/vuejs/vue
- React(web framework)
  링크: https://en.wikipedia.org/wiki/React_(web_framework)
- 깃허브 React
  링크: https://github.com/facebook/react
- Bootstrap_(front-end_framework)
  링크: https://en.wikipedia.org/wiki/Bootstrap_(front-end_framework)
- 깃허브 Bootstrap
  링크: https://github.com/twbs/bootstrap
- TensorFlow
  링크: https://en.wikipedia.org/wiki/TensorFlow
- 깃허브 TensorFlow
  링크: https://github.com/tensorflow/tensorflow
- 깃허브 gitgnore
  링크: https://github.com/github/gitignore
- 깃허브 javascript
  링크: https://github.com/airbnb/javascript

CHAPTER

11

Understanding datasheets?

Sentence of this week

"Python's a drop-in replacement for BASIC in the sense that Optimus Prime is a drop-in replacement for a truck."

_Cory Dodt

이주의 명언

"파이썬이 베이식의 대체품이라면 옵티머스 프라임은 트럭의 대체품이다."

_코리 도트

11.1 Datasheet

A datasheet, data-sheet, or spec sheet is a document that summarizes the performance and other characteristics of a product, machine, component (e.g., an electronic component), material, a subsystem (e.g., a power supply) or software in sufficient detail that allows a buyer to understand what the product and a design engineer to understand the role of the component in the overall system.

▶ 데이터시트 또는 스펙 시트는 제품 또는 기계, 부품 (예: 전자 부품), 재료, 서브 시스템 (예: 전원 공급 장치), 소프트웨어 등의 성능과 기타 특성을 요약한 문서로, 구매자가 전체 시스템에서 해당 부품 또는 설계 엔지니어의 역할을 이해할 수 있도록 하는 세부 정보를 제공한다.

spec	specification의 줄임말
performance	퍼포먼스, 성능
subsystem	하위 시스템, 서브 시스템, 하부 조직
sufficient	충분한, 만족스러운

Typically, a datasheet is created by the manufacturer and begins with an introductory page describing the rest of the document, followed by listings of specific characteristics, with further information on the connectivity of the devices. In cases where there is relevant source code to include, it is usually attached near the end of the document or separated into another file. Data-sheets are created, stored and distributed via Product information management or Product data management systems.

▶ 일반적으로 데이터시트는 제조 업체에서 작성하는데 문서의 내용을 설명하는 소개 페이지로 시작한 후, 장치의 연결에 대한 추가 정보와 상세 사양 및 특징 목록을 표시한다. 관련 소스코드가 포함되는 경우 일반적으로 문서의 끝 부분에 첨부하거나 다른 파일로 분리한다. 데이터시트는 제품 정보 관리 또는 제품 데이터 관리 시스템을 통해 생성되고 저장, 배포된다.

introductory	소개의, 서두의
separate	분리하다, 구분하다
via	통하여, 거처, 경유

Depending on the specific purpose, a datasheet may offer an average value, a typical value, a typical range, engineering tolerances, or a nominal value. The type and source of data are usually stated on the datasheet.

▶ 특정 목적에 따라 데이터시트는 평균값 또는 일반적인 값, 값의 범위, 공학적 오차 허용 범위, 명목 값 등을 제공할 수 있다. 데이터의 유형과 출처는 일반적으로 데이터시트에 명시된다.

A datasheet is usually used for the commercial or technical communication to describe the characteristics of an item or product. It can be published by the manufacturer to help people choose products or to help use the products. By contrast, a technical specification is an explicit set of requirements to be satisfied by a material, product, or service.

▶ 데이터시트는 일반적으로 상업적 또는 기술적인 소통에서 품목 또는 제품의 특성을 설명하는데 사용한다. 제품의 선택이나 사용을 돕기 위해 제조 업체에서 게시할 수 있다. 반면, 기술적 명세는 재료 또는 제품, 서비스가 충족해야 하는 명시적 요구사항이다.

explicit	명시적, 명백한
requirement	요구사항

The ideal datasheet specifies characteristics in a formal structure, according to a strict taxonomy, that allows the information to be processed by a machine. Such machine readable descriptions can facilitate information retrieval, display, design, testing, interfacing, verification, system discovery, and e-commerce.

▶ 이상적인 데이터시트는 엄격한 분류 체계에 따라 컴퓨터로 처리할 수 있도록 하는 공식적인 구조의 특성이 있다. 이러한 기계 판독 가능 기술은 정보 검색이나 디스플레이, 설계, 테스트, 인터페이스, 검증, 시스템 개발, 전자상거래 등에 사용할 수 있다.

taxonomy	분류, 유형
facilitate	촉진하다, 활성화, 용이
verification	입증, 확인

A product data-sheet (PDS), like any data-sheet, has a different data model per category. It typically contains:

- Identifiers like manufacturer & manufacturer product code, GTIN
- Classification data, such as UNSPSC
- Descriptions such as marketing texts
- Specifications
- Product images
- Feature logos
- Reasons-to-buy
- Leaflets, typically as PDFs
- Manuals, typicaly in PDF.
- Product videos, 3D objects, and other rich media assets.

▶ 데이터시트와 마찬가지로 제품 데이터시트(PDS)도 범주별로 다른 데이터 모델을 갖는다. 일반적으로 다음을 포함한다:

- 제조업체 및 제조업체 제품 코드, GTIN과 같은 식별자
- UNSPSC과 같은 분류 데이터
- 홍보 문구와 같은 설명
- 사양
- 제품 이미지
- 기능 로고
- 구매 사유
- 리플렛, 일반적으로 PDF
- 매뉴얼, 일반적으로 PDF
- 제품 영상과 3D 그림 등 기타 미디어

GTIN	국제 거래 단위 번호
UNSPSC	United Nations Standard Products and Services Code, 전자상거래에서 사용할 목적으로 만들어진 물품과 서비스를 포괄하는 상품 분류 체계
PDF	Portable Document Format, 이동 가능 문서 형식, 어도비 시스템즈에서 개발한 전자문서 형식

In Open Icecat, the global open catalogue or open content project in which hundreds of manufacturers and thousands of e-commerce sellers participate, the data models of tens of thousands of taxonomy classes are defined, and millions of free PDSs can be found conforming these data-sheet data models.

▶ 수백 개의 제조업체와 수천 명의 전자상거래 판매자가 참여하는 글로벌 오픈 카탈로그 및 오픈 컨텐츠 프로젝트인 Open Icecat에는 수만 개의 분류별 데이터 모델이 정의되어 이를 준수한 수백 만의 무료 PDS를 찾을 수 있다.

Data sheets for automobiles may be described under several names such as features, specs, engineering data, technical summary, etc. They help communicate the technical information about a car to potential buyers and are useful for comparisons with similar cars. They might include: critical inside and outside dimensions, weight, fuel efficiency, engine and drive train, towing capability, safety features and options, warranty, etc.

▶ 자동차용 데이터시트는 기능과 사양, 공학 데이터, 기술 요약 등과 같은 여러 이름으로 설명된다. 자동차에 대한 기술 정보를 잠재적 구매자에게 전달하는데 도움을 주어 동급 자동차와 비교한다. 중요한 내외부 치수, 무게, 연비, 엔진과 파워트레인, 견인 기능, 안전 기능, 옵션, 보증 등이 포함된다.

warranty	워런티, 보증

11.2 Node MCU Data sheet

The ESP8266 is the name of a micro controller designed by Espressif Systems. The ESP8266 itself is a self-contained WiFi networking solution offering as a bridge from existing micro controller to WiFi and is also capable of running self-contained applications.

▶ ESP8266은 Espressif Systems에서 설계한 마이크로 컨트롤러의 이름이다. ESP8266는 기존 마이크로 컨트롤러에서 WiFi 브리지 형태로 제공되는 자가 WiFi 네트워킹 솔루션으로 내장된 응용 프로그램을 실행할 수 있다.

This module comes with a built in USB connector and a rich assortment of pin-outs. With a micro USB cable, you can connect NodeMCU devkit to your laptop and flash it without any trouble, just like Arduino. It is also immediately breadboard friendly

이 모듈에는 내장 USB 커넥터와 충분한 핀이 제공된다. 마이크로 USB 케이블을 사용하면 아두이노와 마찬가지로 노드 MCU 개발 키트를 랩탑에 연결하여 문제없이 실행할 수 있다. 또한 즉시 브레드보드 사용이 가능하다.

assortment	분류
devkit	개발 키트
breadboard	브레드 보드, 빵판, 실험용 회로판

11.2.1 Specification

- Voltage: 3.3V.
- Wi-Fi Direct (P2P), soft-AP.
- Current consumption: 10uA~170mA.
- Flash memory attachable: 16MB max (512K normal).
- Integrated TCP/IP protocol stack.
- Processor: Tensilica L106 32-bit.
- Processor speed: 80~160MHz.
- RAM: 32K + 80K.
- GPIOs: 17 (multiplexed with other functions).
- Analog to Digital: 1 input with 1024 step resolution.
- +19.5dBm output power in 802.11b mode
- 802.11 support: b/g/n.
- Maximum concurrent TCP connections: 5.

11.2.1 사양

- 전압: 3.3V
- Wi-Fi Direct (P2P), soft - AP
- 소비 전류: 10uA ~ 170mA
- 플래시 메모리 장착 가능: 최대 16MB (일반 512K)
- 통합 TCP/IP 프로토콜 스택
- 프로세서: Tensilica L106 32 비트
- 프로세서 속도: 80 ~ 160MHz
- RAM: 32K + 80K
- GPIO: 17 (다른 기능과 다중화)
- 아날로그-디지털: 1024 단계 분해능을 가지는 입력 1 개
- 802.11b 모드에서 + 19.5dBm 출력
- 802.11 지원: b/g/n
- 최대 동시 TCP 연결: 5

concurrent	동시 발생의, 공동으로 작용하는
TCP	전송 제어 프로토콜, Transmission Control Protocol

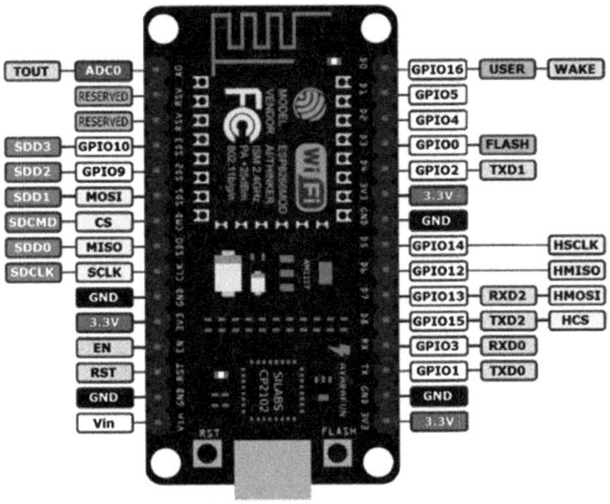

11.2.2 Using Arduino IDE

- The most basic way to use the ESP8266 module is to use serial commands, as the chip is basically a WiFi/Serial
- transceiver. However, this is not convenient. What we recommend is using the very cool Arduino ESP8266 project,
- which is a modified version of the Arduino IDE that you need to install on your computer. This makes it very convenient to use the ESP8266 chip as we will be using the well-known Arduino IDE. Following the below step to install ESP8266 library to work in Arduino IDE environment.

11.2.2 Arduino IDE 사용

- ESP8266 모듈을 사용하는 가장 기본적인 방법은 칩이 기본적으로 WiFi/시리얼이므로 시리얼 명령을 사용하는 것이다.
- 송수신기. 그러나 이것은 편리하지 않다. 매우 멋진 프로젝트인 아두이노 ESP8266를 사용하는 것을 권장한다.
- 이것은 컴퓨터에 설치해야 하는 수정된 버전의 아두이노 IDE이다. 잘 알려진 아두이노 IDE를 사용하므로 ESP8266 칩을 사용하는 것이 매우 편리하다. 아래 단계에 따라 Arduino IDE 환경에서 작동하도록 ESP8266 라이브러리를 설치해야 한다.

convenient	편리한

11.2.3 Install the Arduino IDE 1.6.4 or greater

- Download Arduino IDE from Arduino.cc (1.6.4 or greater) - don't use 1.6.2 or low er version! You can use your existing IDE if you have already installed it.

• You can also try downloading the ready-to-go package from the ESP8266-Arduino project, if the proxy is giving you problems.

11.2.3 Arduino IDE 1.6.4 이상 설치

• Arduino.cc (1.6.4 이상)에서 아두이노 IDE를 다운로드 하시오. 1.6.2 이하 버전을 사용하지 마시오! 기존 IDE를 이미 설치한 경우 사용할 수 있다.

• 프록시가 문제를 일으키는 경우 ESP8266-Arduino 프로젝트에서 바로 사용할 수 있는 패키지를 다운로드 할 수도 있다.

proxy	프록시, 프록시 서버는 클라이언트가 자신을 통해 다른 네트워크 서비스에 간접적으로 접속할 수 있게 해주는 컴퓨터 시스템이나 응용 프로그램을 말함.

11.2.4 Install the ESP8266 Board Package

• Enter http://arduino.esp8266.com/stable/package_esp8266com_index.json into Additional Board Manager URLs field in the Arduino v1.6.4+ preferences.

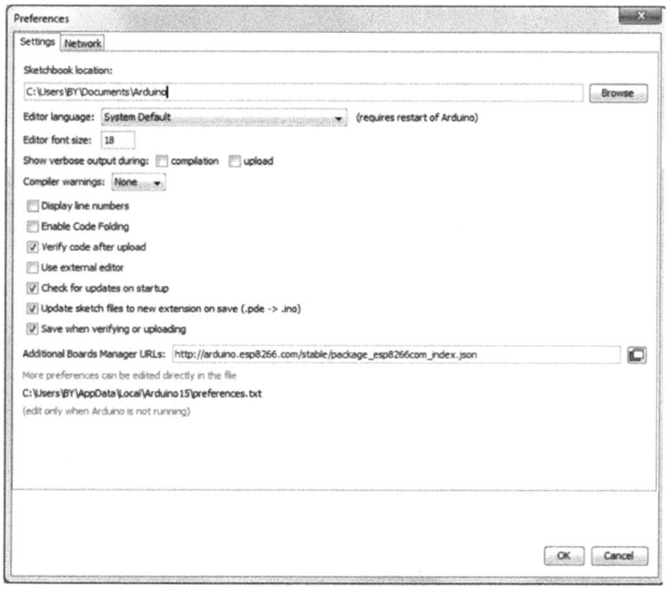

Click 'File' -> 'Preferences' to access this panel.

• Next, use the Board manager to install the ESP8266 package.

• Scroll down to 'esp8266 by ESP8266 Community' and click "Install" button to install the ESP8266 library package. Once installation completed, close and re-open Arduino IDE for ESP8266 library to take effect.

Click 'Tools' -> 'Board:' -> 'Board Manager...' to access this panel.

11.2.4 ESP8266 보드 패키지 설치

- Arduino v1.6.4 + 환경 설정의 추가 보드 관리자 URL 필드에 http://arduino.esp8266.com/stable/package_esp8266com_index.json을 입력하시오.
- 그런 다음 보드 관리자를 사용하여 ESP8266 패키지를 설치하시오.
- 'esp8266 by ESP8266 Community'으로 스크롤하고 "설치" 버튼을 클릭하여 ESP8266 라이브러리 패키지를 설치하시오.
- 설치가 완료되면 Arduino IDE for ESP8266 라이브러리를 닫았다가 다시 열어서 적용하시오.

preference 선호

11.2.5 Setup ESP8266 Support

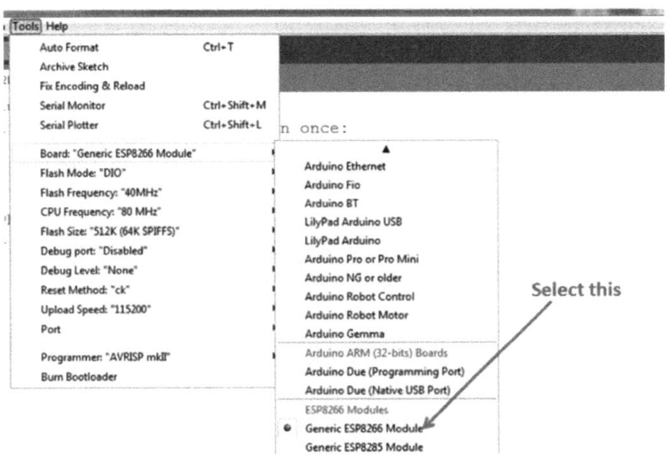

- When you've restarted Arduino IDE, select 'Generic ESP8266 Module' from the

'Tools' -> 'Board:' dropdown menu.

- Select 80 MHz as the CPU frequency (you can try 160 MHz overclock later)

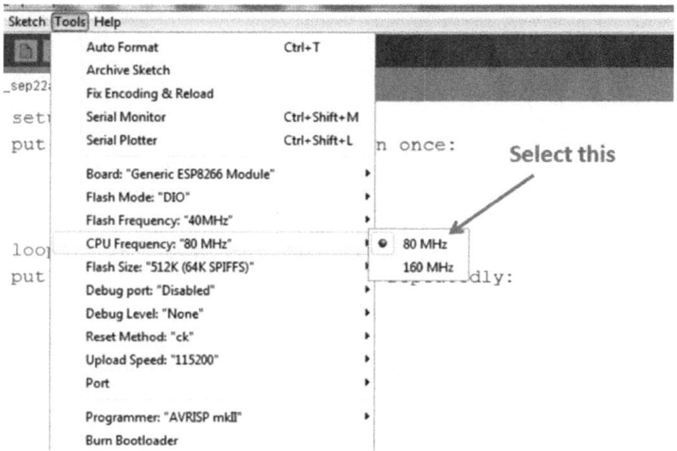

- Select '115200' baud upload speed is a good place to start - later on you can try higher speeds but 115200 is a good safe place to start.

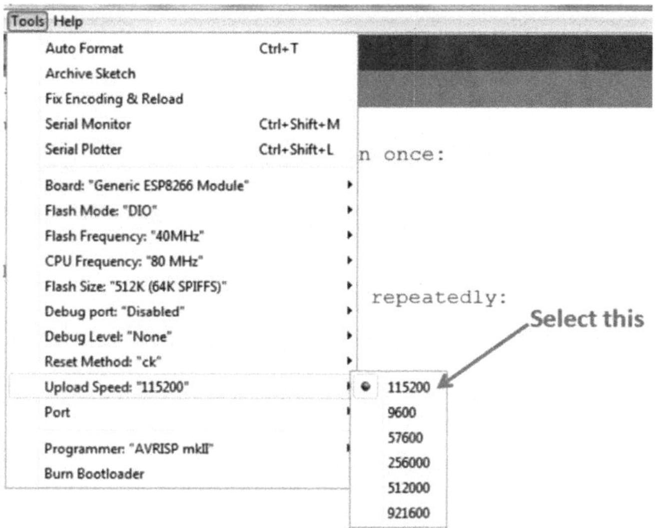

- Go to your Windows 'Device Manager' to find out which Com Port 'USB-Serial CH3 40' is assigned to.
- Select the matching COM/serial port for your CH340 USB-Serial interface.

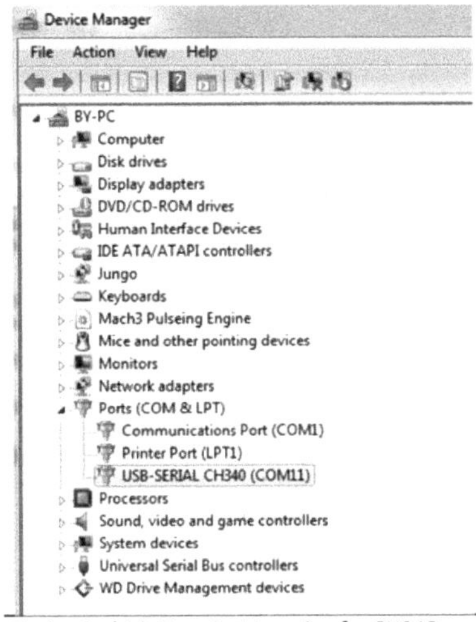

Find out which Com Port is assign for CH340

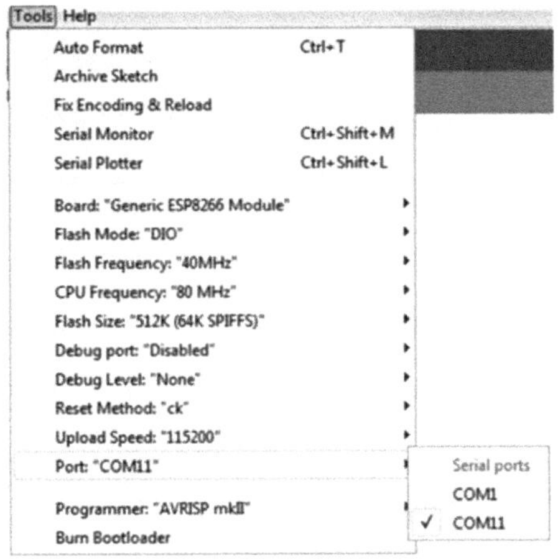

Select the correct Com Port as indicated on 'Device Manager"

Note: if this is your first time using CH340 " USB-to-Serial " interface, please install the driver first before proceed the above Com Port setting.

The CH340 driver can be download from the below site:

https://github.com/nodemcu/nodemcu-devkit/tree/master/Drivers

11.2.5 ESP8266 설정 방법

- 아두이노 IDE를 다시 시작한 후, '도구'에서 '일반 ESP8266 모듈'을 선택 -> '보드' 드롭 다운 메뉴를 표시한다.
- CPU 주파수를 80MHz로 선택하시오. (나중에 160MHz 오버 클럭을 시도할 수 있음)
- '115200' 바우드 업로드 속도 선택은 좋은 시작이다. 나중에 더 높은 속도를 시도할 수 있지만, 115200은 시작하기에 안전한 값이다.
- Windows '장치 관리자'로 이동하여 어떤 Com 포트에 'USB-Serial CH340'이 할당되어 있는지 확인하시오.
- CH340 USB-Serial 인터페이스에 맞는 COM/직렬 포트를 선택하시오.

참고: CH340 "USB-to-Serial"인터페이스를 처음 사용하는 경우 드라이버를 먼저 설치하시오.

CH340 드라이버는 아래 사이트에서 다운로드 할 수 있다.

https://github.com/nodemcu/nodemcu-devkit/tree/master/Drivers

frequency 주파수

11.2.6 Blink Test

- We'll begin with the simple blink test.
- Enter this into the sketch window (and save since you'll have to).

```
void setup() {
  pinMode(5, OUTPUT);     // GPIO05, Digital Pin D1
}

void loop() {
  digitalWrite(5, HIGH);
  delay(900);
  digitalWrite(5, LOW);
  delay(500);
}
```

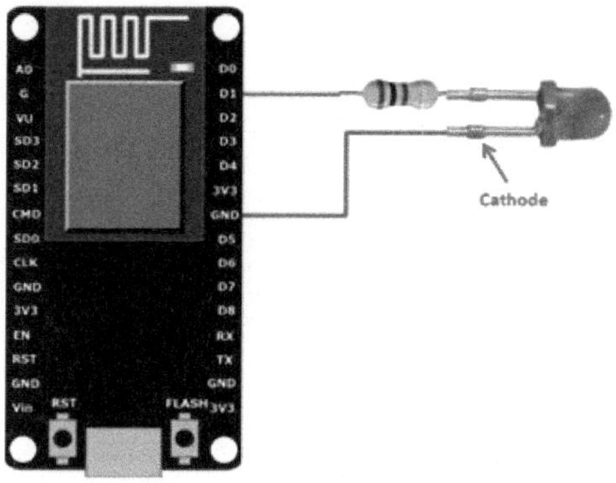

Figure3-1: Connection diagram for the blinking test

- Connect a LED as shown in Figure3-1.
  - Now you'll need to put the board into bootload mode. You'll have to do this before each upload. There is no timeout for bootload mode, so you don't have to rush!
    - Hold down the 'Flash' button.
    - While holding down ' Flash', press the 'RST' button.
    - Release 'RST', then release 'Flash'
    - When you release the 'RST' button, the blue indication will blink once, this means its ready to bootload.

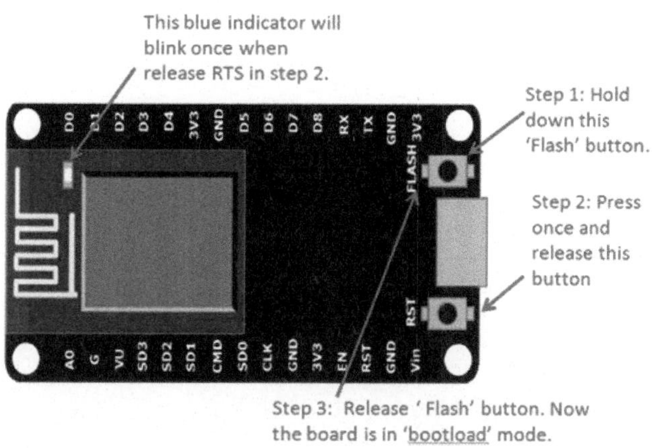

  - Once the ESP board is in bootload mode, upload the sketch via the IDE

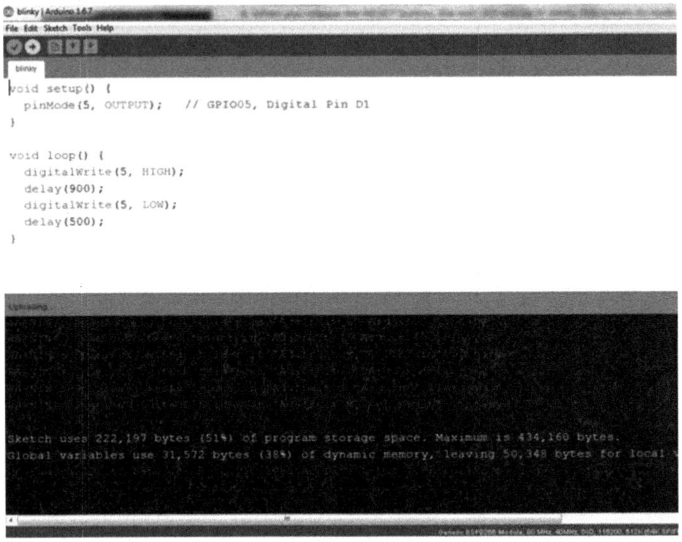

Figure 3.2: Uploading the sketch to ESP8266 NodeMCU module.

- The sketch will start immediately - you'll see the LED blinking. Hooray!

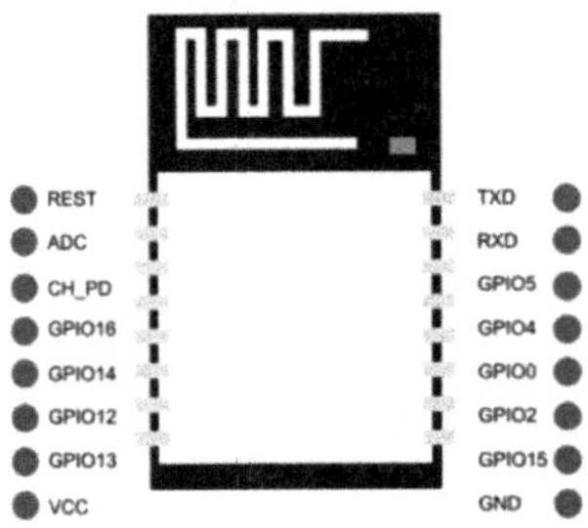

Pin Assignment :

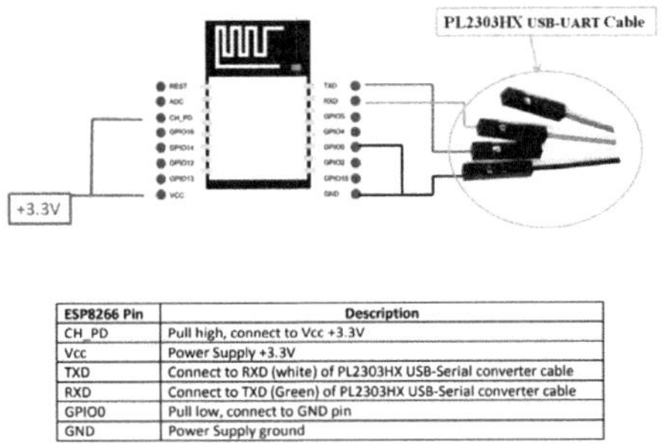

Wiring:

11.2.6 깜박임 테스트

- 간단한 깜박임 테스트부터 시작해보자.
- 이 코드를 스케치 창에 입력하시오. (반드시 저장하시오.)
- 그림 3-1과 같이 LED를 연결하시오.
- 이제 보드를 부트로드 모드로 전환해야 한다. 업로드 할 때마다 이 작업을 수행해야 한다. 부트로드 모드에 대한 시간 제한이 없으므로 서두를 필요가 없다!
  - '플래시' 버튼을 누르고 있는다.
  - '플래시'를 누른 상태에서 'RST' 버튼을 누른다.
  - 'RST'를 해제 후 '플래시'를 해제 하시오.
  - 'RST'버튼에서 손을 떼면 파란색 표시가 한 번 깜박이며 부팅할 준비가 되었음을 나타낸다.
- ESP 보드가 부트로더 모드에 있으면 IDE를 통해 스케치를 업로드 한다(그림 3-2).
- 스케치가 즉시 시작되고 LED가 깜박인다. 만세!

blink	깜빡이다
RST	reset
immediately	즉각적으로, 즉시

11.3 Reading Recommendations

- Data sheet
  링크: https://en.wikipedia.org/wiki/Datasheet
- Handson Technology (ESP8266 NodeMCU WiFi Devkit)
  링크: https://www.handsontec.com/pdf_learn/esp8266-V10.pdf

SOFTWARE **P**RACTICAL **E**NGLISH

CHAPTER 12

English Paper Reading

Sentence of this week

"Talk is cheap, Show me the code"

_Linus Tovalds

이주의 명언

"말은 쉽지, 코드를 보여줘"

_리누스 토발즈

12.1 What is a paper?

12.1.1 What is a paper?

A paper is a common form of academic writing. and The paper prove the academic result.

12.1.1 논문이란 무엇인가?

▶ 논문은 학술 작문의 기본적인 형태이다. 그리고 논문은 학술 결과를 증명한다.

academic	아카데믹, 학문적인, 학구적인, 학업의, 이론적인

12.2 How to read the paper?

Academic papers come out all the time. Thousands are published every year, including hundreds in any given specific area. Unless you devote yourself full time to reading academic papers you won't be able to keep up with them all. I believe in the idea that you should read papers that you find interesting. Science is awesome and you shouldn't waste your time on the boring parts if you can avoid it.

In general there are two main ways to find papers that I like. The way I used to do it was set up an aggregator with the RSS feeds from journals that I like, then I use the following (approximate) rates of reading parts of papers.

100% - read the title

20-50% - read the abstract

5-10% - look at the figures/captions

1-3% - read the whole paper

The new way that I do it is follow bioRxiv and a bunch of other people who have similar interests on Twitter. I use the above percentages for papers tweeted from aggregators and if I see a paper tweeted by 2-3 people I trust I usually end up reading that paper.

12.2 얼마나 읽어야 될까?

학술지는 계속 나오고 있다. 수백 개의 특별한 분야를 포함해 매년 수천 개의 논문이 출간된다. 모든 시간을 학술지 읽는 것에 투자하지 않으면 모든 논문을 따라갈 수 없다.

너가 찾은 흥미로운 논문을 읽을 것이라고 믿는다. 과학은 대단하고 지루한 부분을 피할 수 있다면 시간을 낭비하면 안된다.

일반적으로 좋아하는 논문을 찾는 두 가지 방법이 있다.

내가 좋아하는 저널의 RSS 피드를 모아서 사용한다. 그리고 내가 정한 논문 읽는 비율을 따른다.

100% - 타이틀 읽기

20-50% - 요약 읽기

5-10% - 그림/설명 보기

1-3% - 전체 논문 보기

내가 사용하는 새로운 방법은 bioRxiv를 사용하고 트위터에서 같은 흥미를 가진 사람들을 따르는 것이다. 모음집에서 트윗된 논문을 위 비율로 읽고 2~3명의 사람들이 트윗한 논문을 읽으면 논문 읽기를 끝낸다.

awesome	멋진, 굉장한, 끝내주는
aggregator	수집가, 집합자
RSS	Rich Site Summary, 뉴스나 블로그 사이트에서 주로 사용하는 콘텐츠 표현 방식
approximate	대략의, 근사값의

12.2.1 Reading a paper – the abstract/title

Different people will have different strategies. First I read the title and the abstract to get a sense for (a) why the paper is interesting according to the authors and (b) what are the main results in the paper. I do this to see if I think the paper is worth spending the time to read any deeper. I don't judge the quality at all from these components, just whether the paper is interesting or not.

12.2.1 논문 읽기: 초록(요약)/제목

▶ 사람별로 논문 읽는 방법이 있다. 첫 번째로 저자들에게 논문이 왜 흥미로운지 논문의 주요 결과를 위해 제목과 요약을 읽는다. 그 논문을 더 깊이 있게 읽는데 시간을 투자할 가치가 있는지 생각하기 위해 이렇게 한다. 논문의 질을 판단하지 않고 논문이 흥미로울지 아닐지 판단한다.

strategy	전략, 방법, 계획

12.2.2 Reading a paper – the figures

If I think the paper is interesting based on the title/abstract then the next thing I do is look at the figures and figure captions. As I've mentioned in my guide to writing papers the figures should tell a coherent story and should have figure captions that explain what is going on. Hopefully the papers you are reading have figures that are this easy to read. I'm usually looking for the "story" that the authors are trying to tell. In the case of statistical or computational papers I'm also looking for comparisons to previous approaches and how this method stacks up.

12.2.2 논문 읽기 - 그림

▶ 만약 제목과 요약으로 흥미롭다고 생각한다면 다음은 그림과 그림 캡션을 보는 것이다. 논문 작성 가이드에서 말했듯이 그림들은 일관성 있는 내용과 무엇을 말하고자 하는지에 대해 캡션을 가져야한다. 읽고 있는 논문이 알기 쉬운 그림을 가지길 바란다. 보통 저자가 우리에게 말하고 싶은 스토리를 본다. 통계학 또는 컴퓨터 과학 논문의 경우, 이전 결과의 비교와 제안하는 방법이 어떻게 구성되었는지를 본다.

coherent	논리적인, 일관성 있는
statistical	통계적인, 통계의, 통계상의
computational	계산에 관한

12.2.3 Reading a paper – the introduction

I usually skip the introduction. This is often an extended version of the abstract and often contains more opinion than fact about how awesome a particular result is. The one exception I have to this rule is if I don't know the scientific area very well. Then I read the part of the introduction that reviews previous work in the area and if I don't understand something, I go chase down the references from the introduction and read through those to "get up to speed".

12.2.3 논문 읽기 - 서론

▶ 주로 서론을 읽지 않는다. 이는 종종 요약의 확장판이며 유사 연구 결과에 대한 논의를 가지고 있다. 내가 가지는 규칙의 한가지 예외는 내가 그 과학 분야에 잘모르는 경우이다. 그리고 이 분야의 이전 결과에 대한 부분을 읽고 이해하지 못하는 경우가 있다면 하단의 레퍼런스를 읽고 "속도를 내서" 읽는다.

opinion	의견
exception	이의, 예외, 반대
scientific	과학적인
previous	이전의

12.2.4 Reading a paper – the methods/supplemental material

If I decide to read a paper carefully I spend the majority of my time reading the methods and supplemental material. This is where most of the real "science" is. It tells you how they did the experiments, how they analyzed the data, and how they support their conclusions. I'm looking for a few things when I read the methods section at a high level including:

- Do they explain clearly exactly which data they collected?
- Do they explain clearly exactly what analysis they performed on those data?
- Do they point to where I can get the data and code so I can verify these things?
- Do they explain every step in a process or skip over steps and reference previous papers?

Unfortunately, after that you sort of have to know the area to judge more critically whether the things they are doing are good or not. This comes with practice or with expertise in an area and can't be summarized very easily into succinct guidelines.

12.2.4 논문 읽기 – 방법/보충 자료

▶ 만약 내가 논문을 제대로 읽기로 결정한다면 대부분의 시간을 방법과 보충 자료를 읽는데 보낸다. 이것이 대부분의 진짜 "과학"이다. 그들이 어떻게 실험을 했는지, 어떻게 자료를 분석했는지, 그리고 어떻게 결론 내렸는지 말해준다. 내가 방법 부분을 높은 수준에서 읽고자 할 때 아래의 몇 가지를 찾아본다.

- 그들이 어떻게 데이터를 수집했는지 명확히 말하고 있는가?
- 수집된 데이터로 어떤 분석을 진행했는지 명확하게 말하는가?
- 그것을 검증하기 위한 데이터와 코드를 얻을 수 있는지 말하는가?
- 모든 과정을 설명 또는 단계를 건너뛰고 이전 논문을 참조하는가?

불행히도, 그 후 너는 그들이 하고 있는 것들이 좋은지 안 좋은지 더 비판적으로 판단하기 위해 그 분야에 대해 알아야 한다. 이것은 그 분야에 전문가가 되거나 또는 연습으로 이루어지고, 간결한 지침으로 쉽게 요약할 수 없다.

12.2.5 Reading papers – the results

I find that if the authors have done their job and made their figures tell the story and clear, then I usually spend less time reading the results section. The key results are usually in the figures, but I still glance over this section to see if there is any claim/idea that I missed from reading the figures. In general, I compare this section very carefully to the methods to make sure that the results seem well justified compared to what they say they did in the methods section.

12.2.5 논문 읽기 - 결과

나는 저자가 결과와 그림을 분명하게 얘기하면 결과 부분을 읽을 때 시간이 적게 드는 것을 발견했다. 주요 결과는 대부분 그림이지만 나는 그들이 놓친 의견/아이디어가 있는지 살펴본다. 일반적으로 그들이 방법 부분에서 말한 것과 결과에서 말한 것이 잘 검증 되었는지 비교한다.

glance	힐끗 보기, 곁눈질, 대충 훑어보다

12.2.6 Reading papers – the Conclusions

Just like with the introduction, I often skip the conclusions. It is usually just a recap of what happened in the rest of the paper with a bit of guess work as to how the results might fit into the broader scheme.

12.2.6 논문 읽기 - 결론

서론과 마찬가지로 나는 종종 결론을 생략한다. 이것은 보통 추측한 부분이 결과와 얼마나 잘 맞는지 논문의 나머지 부분에서 말하는 것을 재점검하는 것이다.

scheme	스킴, 설계, 계획, 조직

12.3 Let's read the paper

12.3.1 title

Image Processing-based Pothole Detecting System for Driving Environment

SungWon Lee, SeokJin Kim, Kwang Eun An, Seung-Ki Ryu, Dongmahn Seo

School of Information Engineering, Catholic University of Daegu

Highway and Transportation Research Inst., Korea Inst. of Civil Engineering and Building Tech.,

Korea

Sarum@cu.ac.kr

이미지 처리 기반 주행 환경을 위한 포트홀 탐지 시스템

주저자: 이성원

공동저자: 김석진, 안광은, 류승기

교신저자: 서동만

12.3.2 Abstract

Abstract-The pothole is one of the significant factors for the motorist. It can cause a car accident, the decrease of car lifetime and a decrease of the motorist concentration. There are three kinds of the pothole detecting methods, such as using a 3-axis acceleration sensor, a camera sensor and, a laser sensor. All of three have the cons and pros. Our proposed system is based on an image processing method with the camera sensor. Detecting the potholes based on the potholes characteristic. The characteristics of the potholes are the dark region, the round shape and the rugged texture.

포트홀은 운전자에게 중요한 요소 중 하나이다. 이는 차량 사고와 차량 수명 감소, 운전자 집중 감소를 유발할 수 있다. 포트홀을 찾는 방법은 3-축 가속도계 센서, 카메라 센서, 레이저 센서와 같이 3가지가 있다. 3가지 방법 모두 장단점이 있다. 우리가 제안하는 시스템은 카메라 센서를 이용한 영상처리에 기반한다. 포트홀의 특징에 기반하여 포트홀을 탐지한다. 포트홀의 특징은 어두운 영역, 원형 그리고 거친 표면을 가진다.

motorist	운전자
concentration	집중
acceleration	가속
rugged	험악한, 거친

12.3.3 Introduction

I. INTRODUCTION

The asphalt pavement condition is one of the significant factors for motorist [1]. Such as a pothole, crack, rut is factors of the asphalt pavement condition can cause various problems such as a car accident, decrease of motorist concentration and the shock of car suspension. It is because when the wheel of the car falls in pothole can cause trouble to car suspension system or motorist concentration. As a result, the pothole is the main factor of which decrease car lifetime.

▶ 아스팔트 도로 상태는 운전자에게 가장 중요한 요소 중 하나이다. 포트홀, 균열, 홈은 아스팔트 상태 요소들이다. 좋지 않은 아스팔트 상태는 자동차 사고, 운전자 집중 감소, 서스펜션 충격 등과 같이 다양한 문제를 일으킬 수 있다. 차량의 바퀴가 포트홀을 지나갈 때 차량 서스펜션 시스템 또는 운전자 집중에 문제를 발생할 수 있기 때문이다. 결과적으로, 포트홀은 차량 수명 감소의 중요한 원인이다.

pavement 포장 도로

To repair the location of the pothole, an acquisition of its position must be required. But most of the city depends on motorist report. For this reason, an automatic pothole detecting system is needed. Therefore, three styles of the automatic pothole detect systems are suggested [2]. First, detect the pothole using 3-axis acceleration sensor in the car when the wheel of the car going on the pothole and analyzing the sensor reacting [3][4][5]. This method can detect the pothole fast and does not need much in initial cost. However, when the car does not go over the pothole, the system cannot be detected pothole.

▶ 포트홀을 수리하기 위해서 포트홀의 정확한 위치는 반드시 필요하다. 하지만 대부분의 도시들은 운전자 보고에 의존한다. 이러한 이유 때문에 자동 포트홀 탐지 시스템이 필요하다. 그러므로 세 가지 방식의 포트홀 탐지 시스템이 제안되었다. 첫 번째로, 차량의 바퀴가 포트홀 위를 지나갈 때 3-축 가속도 센서를 이용해 센서 반응을 분석하여 포트홀을 탐지한다. 이 방법은 포트홀을 빠르게 탐지하고 초기 비용이 적다. 그러나 차량이 포트홀 위를 지나가지 않으면 시스템은 포트홀을 탐지 할 수 없다.

acquisition 획득, 습득

Second, detecting the pothole with a laser sensor [6]. By driving on the asphalt pavement, the laser sensor scans the asphalt environment. The laser scan makes depth image of the asphalt pavement to find the potholes. It is the high accuracy of detecting the pothole. Nonetheless a laser scanning device required high-cost and its detecting speed is slower than other methods. So, detecting speed is the most important key. Third, using camera device for detecting the

▶ 두 번째로, 레이저 센서를 이용해 포트홀을 탐지한다. 아스팔트 도로를 운전하면서 레이저 센서는 아스팔트 도로 환경을 스캔한다. 레이저 센서는 포트홀을 찾기 위해 깊이 이미지를 만든다. 포트홀 탐지 정확도가 매우 높다. 그럼에도 불구하고 레이저 센서 장치는 높은 비용이 필요하며 탐지 속도가 다른 방법들 보다 느리다. 따라서 탐지 속도가 가장 중요한 문제이다.

nonetheless 그럼에도, 하지만, 그러나

Third, using camera device for detecting the pothole [7][8][9] by the camera sensor. By the image processing with camera sensor has low in initial cost and fast detecting speed. Unfortunately, this method is sensitive to the outer environment such as light and rain.

▶ 세 번째로, 카메라를 이용해서 포트홀을 탐지한다. 카메라를 이용한 영상처리는 초기 비용이 낮고 빠른 탐지 속도를 가진다. 불행하게도, 이 방법은 조명과 비와 같은 외부 환경에 취약하다.

We suggest automatic detecting pothole system using image processing with the camera sensor. This system concentrates in fast, real-time, high detecting accuracy and increasing the car suspensions life or others. To detect the pothole, we focus on three characteristics of the pothole. First, the rugged region of the pothole. Second, the pothole outlines have darker than outer region. Third, the pothole has the round shape.

▶ 우리는 카메라와 영상처리를 이용한 자동 포트홀 탐지 시스템을 제안한다. 이 시스템은 빠르고, 실시간, 높은 탐지율과 차량 서스펜션 수명을 목적으로 한다. 포트홀을 탐지하기 위해 우리는 포트홀의 3가지 특성을 사용한다. 첫 번째로, 포트홀의 거친 노면 두 번째로, 포트홀 외각선은 다른 영역보다 어두운 색을 가지는 것. 세 번째로, 포트홀은 원형을 가지는 것이다.

concentrate	집중시키다, 전념하다
suspension	서스펜션, 완충 장치

12.3.4 Proposed method

A. Proposed method

This System detects the pothole based on image processing. First, before to detecting process, we don't need RGB scale. Because the pothole region is dark, most of the asphalt pavement is gray and white. The system can detect the pothole with grayscale image. Fig. 1 shows after and before preprocessing which the RGB image and the grayscale image. It makes drop out unnecessary data.

▶ A. 제안하는 방법

이 시스템은 영상처리를 기반으로 포트홀을 탐지한다. 첫 번째로, 탐지 과정 전에 우리는 RGB 영상이 필요하지 않다. 포트홀 영역은 어두우며 대부분의 아스팔트는 회색 또는 흰색이기 때문이다. 그림 1.은 RGB 이미지와 흑백 이미지와 함께 전처리 전과 후를 보여준다. 이는 불필요한 데이터를 없애준다.

This system is the parallel processing using superpixel, wavelet energy field and differential. The superpixel is clustering algorithm that clustering withe the similar pixel. After finishing the clustering process, it makes the outlines of cells which are clustered pixels. The region of the pothole is rugged, the asphalt pavement is similarity region. So, we can segment the pothole from the outlines of superpixel's cells by checking polygonal of the superpixel's cells.

이 시스템은 슈퍼픽셀, 웨이블릿 에너지 필드, 디프런셜을 이용해 병렬 처리한다. 슈퍼픽셀은 유사한 픽셀을 군집화시키는 군집화 알고리즘이다. 군집화 과정이 끝나면 군집화된 픽셀인 셀의 외각선을 만든다. 포트홀 영역은 거칠고, 아스팔트 표면은 유사한 영역이다. 따라서, 우리는 슈퍼픽셀의 셀의 형태를 체크하여 포트홀을 분리할 수 있다.

superpixel	픽셀들의 집합
wavelet	웨이블릿, 영상 신호처리에서 사용하는 알고리즘의 일종
differential	차분 알고리즘, 격차 알고리즘
cluster	클러스터, 무리
polygonal	다각형의, 다변형의

The wavelet energy field can show the texture of the image. So, it can be used checking the cell that is pothole or not. In Fig. 3(b), if the cell included the potholes, wavelet energy field reveals the potholes by highlighting the cell.

웨이블릿 에너지 필드는 이미지의 질감을 보여줄 수 있다. 따라서, 포트홀인지 아닌지 셀을 확인하는 데 사용할 수 있다. 그림 3(b)을 보면, 셀 안에 포트홀이 있는 경우 웨이블릿 에너지 필드가 셀을 강조 표시하여 포트홀을 드러낸다.

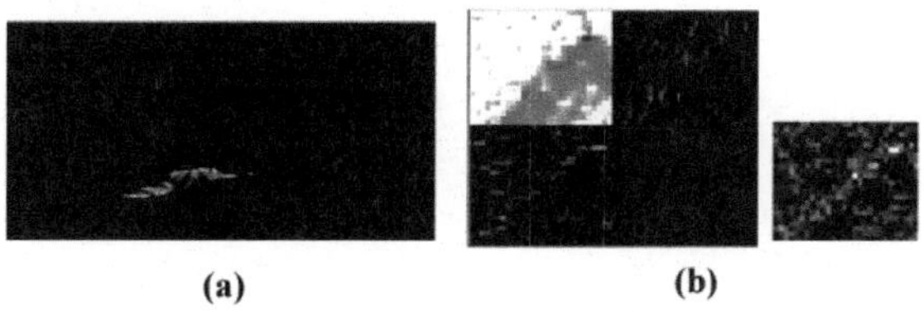

Fig. 3 (a) Result of differential, (b) Result of wavelet transform and wavelet energy field

The differential method is based on similarity of asphalt pavement. The pothole, a road text and road lines are not continuous. Therefore, in Fig 3 (a), if we get the frame differential, it highlights the dissimilarity objects. To get more distinguishable highlighted image. Accumulating differential and subtract the first frame, then one more subtracts the second image with the result of the first and second differential. Detecting the porthole with three methods intersections.

디퍼런셜 방법은 아스팔트 도로의 유사성을 이용한다. 포트홀, 도로 표식, 차선은 연속적이지 않다. 그러므로 그림 3(a)에서 처럼 프레임 차이를 이용하면 비연속적인 물체를 드러낼 수 있다. 더 두드러진 강조된 이미지를 얻기 위해 디프런셜을 누적하고 첫 번째와 두 번째 프레임을 뺀다. 그리고 두 번째 프레임을 첫 번째와 두 번째 디프런셜 결과에서 뺀다. 세가지 방법의 교차로 포트홀을 탐지한다.

continuous	연속적인
dissimilarity	차이점, 부동, 닮지 않음
distinguishable	구별할 수 있는, 분간할 수 있는
intersection	교차로, 사거리, 교차점, 교집합

12.3.5 Experiment

B. Experiment

For testing the accuracy of the system, we used the asphalt pavement video where the Korean highway. Then the camera was set on the front mirror. The camera device was Samsung Galaxy S7 and quality of the video was 1920 x 1080, 30 fps. The region of interest(ROI) was 800 x 200 pixel which included the asphalt pavement. The total recorded time is approximately 1 minute 30 second equivalent to 38137 frames. The video included 43 potholes, Testing system was running on windows 10 pro 64bit, i7-4550U(1.50GHz), 8 GB RAM visual studio 2015 and OpenCV 3.2.

B. 실험

시스템의 정확도를 테스트하기 위해 우리는 한국 고속도로 아스팔트 영상을 이용했다. 카메라는 전면 거울에 설치하였다. 카메라는 삼성 갤럭시 S7이며 비디오 화질은 1920 x 1080, 30 fps 이다. 관심 영역은 아스팔트 도로를 포함하는 800 x 200 픽셀이다.

전체 녹화 시간은 약 1분 30초이며 38,137 프레임에 해당한다. 비디오는 43개의 포트홀을 포함한다. 시스템은 윈도우 10 pro 64bit, i7-4550U (1.50GHz), 8 GB RAM, 비주얼 스튜디오 2015 그리고 OpenCV 3.2이다.

accuracy	정확도
fps	frame per second, 초당 프레임 수
pixel	픽셀, 화소

C. Experiment result

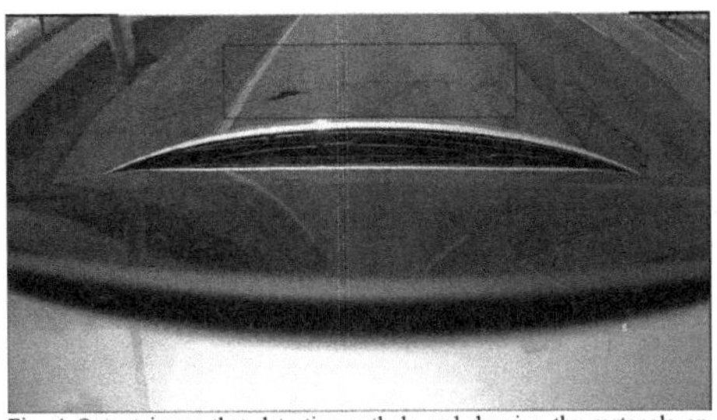

Fig. 4 Output image that detecting pothole and drawing the rectangle on pothole region

Fig. 5 Miss detection. Not a pothole but the pavement marking is dissimilarity. So, it makes miss detection

The result of experiment our system detected the 40 potholes in a total of 43 potholes. The miss detection, such as the asphalt pavement marking was 378 of total

1074 detection. Fig. 4 showed the success case of detecting the pothole. Fig. 5 showed failure in detecting potholes. While the system working the result, fps is 10 ~ 15 fps. Therefore, our system had 93.06% accuracy, 35% miss detection.

▶ C. 실험 결과

우리 시스템의 실험 결과는 전체 43 포트홀 중 40개를 탐지하였다. 도로 표식과 같은 오탐의 경우 전체 1074개의 탐지 중 378개를 오탐하였다. 그림 4는 포트홀 정상 탐지 경우를 보여준다. 그림 5는 포트홀 탐지에 실패한 것을 보여준다. 시스템이 결과를 출력하는 동안 FPS는 10 ~ 15fps이다. 그러므로 우리 시스템은 93.06% 탐지율과 35% 오탐율을 가진다.

12.3.6 Conclusion and Future Work

III. CONCLUSION AND FUTURE WORK

We proposed automatic pothole detecting system based on image processing, using by wavelet, wavelet energy field and superpixel. We tested the system with the Korean highway asphalt pavement. The system's accuracy was 93.06%, miss detecting is 35%. Using the car's black-box can set our system and checking the location with GPS. The high-cost car has the automatic suspension system, but the cost is high and the general car doesn't have so our system can use commonly. We can expect improvement of the asphalt pavement condition, increase the efficiency of driving and the cars lifetime, protect of the car.

▶ 우리는 웨이블릿, 웨이블릿 에너지 필드 그리고 슈퍼픽셀을 이용하여 영상처리 기반의 자동 포트홀 탐지 시스템을 제안하였다. 우리는 한국 고속도로 아스팔트에서 시스템을 테스트하였다. 시스템의 탐지율은 93.06%, 오탐율은 35%였다.

자동차의 블랙박스를 사용하면 시스템을 설치할 수 있고 GPS를 이용하여 위치를 확인할 수 있다. 비싼 차량은 자동 서스펜션 시스템을 가지고 있다. 하지만 비용이 높고 일반적인 차들은 없으므로 우리의 시스템을 쉽게 사용할 수 있다. 우리는 아스팔트 도로 환경의 향상, 운전과 차량 수명, 차량의 보호를 효율적으로 증가할 것을 기대할 수 있다.

Next research will be making lower miss detecting from the asphalt marking and porting the system in Android Operating System. Then, making automatic suspension system with using pothole detecting system and the map of the pothole.

▶ 향후 연구는 아스팔트 도로 표식에서 오탐율을 낮추고 안드로이드 시스템에 포팅하고자 한다. 그리고 포트홀 탐지 시스템과 포트홀 지도를 이용하여 자동 서스펜션 시스템을 만들고자 한다.

12.4 Let's read the paper 2

12.4.1 title

Detecting a pothole using Deep Convolutional Neural Network models for an adaptive shock observing in a vehicle driving

Kwang Eun An, Sung Won Lee, Seung-Ki Ryu, Dongmahn Seo

Catholic Univ. of Daegu, Korea

Highway and Transportation Research Inst., Korea Inst. of Civil Engineering and Building Tech., Korea

Sarum@cu.ac.kr

▶ 차량 주행 시 적응적 충격 관측을 위한 깊은 합성곱 신경망을 이용한 포트홀 탐지

주 저자: 안광은

공동 저자: 이성원, 류승기

교신 저자: 서동만

12.4.2 Abstract

Abstract-A pothole is a one of the greatest threat to vehicle drives. It causes an accident by sudden steering of the vehicle wheel, forcing an enormous stress on a vehicle tire or making a hard turning in a vehicle by late detection. It is crucial to find where a pothole is on the pavement. As the number of pavement increases, detecting a pothole becomes a great challenge in a modern society. Several methods suggest detecting potholes using sensors. However, these methods require an installation on the vehicle in order to collect data of the pavement. Meanwhile, other methods are using smartphone sensors to reduce a cost of deployment and get an advantage of sensitive sensors without a complex installation on the vehicle. For this reason, a method using a smartphone camera with the artificial neural network becomes a way in detecting a porthole on a pavement. In this paper, we investigate the performance in detecting potholes with an image classification method based on the deep convolutional neural network models.

▶ 포트홀은 차량 주행에 가장 큰 위협 중 하나이다. 포트홀은 차량 휠을 갑자기 움직여 차량 타이어에 엄청난 피해를 주거나 늦은 감지로 사고를 발생시킨다. 포장 도로에서 포트홀이 어디에 있는지 찾는 것이 중요하다. 포장 도로가 증가함에 따라 포트홀을 탐지하는 것이 현대 사회에서 주요한 문제가 되었다. 센서들을 사용하여 포트홀을 탐지하는 여러 방법들이 제안된다. 그러나 이러한 방법은 도로 데이터를 수집하기 위해 차량에 설치해야 한다. 한편, 다른 방법은 스마트폰 센서를 사용하여 설치 비용을 줄이고 차량에 복잡한 설치없이 민감한 센서를 활용할 수 있다. 이 때문에, 스마트폰 카메라와 인공 신경망을 이용해 도로의 포트홀을 검출하는 방법이다. 본 논문은 심층 합성곱 신경망 모델을 기반으로 이미지 분류 방법으로 포트홀 탐지 성능을 조사한다.

steering	방향 전환 장치, 조종, 조차
vehicle	차량, 자동차
meanwhile	한편으로는, 반면

12.4.3 Introduction

I. INTRODUCTION

A pothole is a structural failure in a road surface, caused by failure primarily in asphalt pavement due to the presence of water in the underlying soil structure and the presence of traffic passing over the affected area. The feature of a pothole is bowl-shaped holes of various sizes in the pavement surface with at least dimension of 150mm [1]. Such a pothole is mostly created in raining seasons and winter season. First, when precipitation adds moisture or water on a soil surface. Second, the temperature drops down enough to create frost heaving, a soil surface arise and breaks an asphalt surface.

▶ 포트홀은 도로의 구조적 결함으로, 기본 토양 구조에 물이 존재하고 영향을 받는 지역을 지나가는 차량으로 인해 주로 아스팔트 포장이 파손된다. 포트홀의 특징은 포장면에 크기가 150mm 이상인 다양한 크기의 그릇 모양의 구멍이다. 이러한 포트홀은 대부분 비가 오는 계절과 겨울에 만들어진다. 첫째, 강수량이 토양 표면에 수분이나 물을 추가 할 때. 둘째, 서리를 만들기 만큼 온도가 내려가고 토양 표면이 뭉쳐지면 아스팔트 표면이 부서진다.

surface	표면
underlying	기초를 이루는, 근원적인, 기저의
soil	토양, 흙
precipitation	강우, 강수량
moisture	수분

Third, thawing creates a gap between a soil surface and an asphalt surface. Fourth, traffic breaks a pavement by giving a pressure on a surface. When a pothole is created, it causes a serious damage to the vehicle by steering the wheel, breaking the wheel function or shocking on tires. The problem of potholes is not only the vehicle gets in trouble but also a cost in an accident compensation to the government and highway traffic companies in increasing if there is a latency in patching potholes. Annually, as the number of vehicles is increasing, the number of potholes is also increasing. Consequently, patching potholes within a short time saves not only the lives also decreases the expense of money in an accident compensation.

셋째, 해빙은 토양 표면과 아스팔트 표면 사이에 간격을 만든다. 넷째, 차량은 표면에 압력을 가하여 포장 도로를 파괴한다. 포트홀이 만들어지면 휠을 움직이거나 휠 기능을 손상 시키거나 타이어에 충격을 주어 차량에 심각한 손상을 줄 수 있다. 포트홀의 문제점은 차량에 피해뿐만 아니라 포트홀 보수 대기 시간이 있으면 정부 및 고속도로 교통 회사에 대한 사고 보상 비용이 증가한다는 것이다. 매년 차량 수가 증가함에 따라 포트홀도 증가하고 있다. 결과적으로, 짧은 시간 내 포트홀을 보수하면 생명을 구할 뿐만 아니라 사고 비용을 절감 할 수 있다.

compensation	보상, 배상

The popularization of smartphones makes use of embedded sensors such as a camera without considering of composing a device with multiple sensors and provides high performance in computation. Recently, the deep convolutional neural network becomes famous in the image classification field with the advantages in computational performance by involving GPU processors into the general computation. In this paper, we investigate the performance of deep convolutional neural network models in detecting a pothole on the pavement.

스마트폰의 대중화는 여러 센서로 장치를 구성하는 것을 고려하지 않고 카메라와 높은 계산 능력을 제공하는 장치를 사용할 수 있게 한다. 최근, 심층 합성곱 신경망은 이미지 처리 분야에서 GPU 프로세서를 일반 계산에 포함시켜 계산 성능의 이점으로 유명해졌다. 본 논문은 포장 도로의 포트홀을 탐지할 때 심층 합성공 신경망 모델의 성능을 조사한다.

popularization	대중화, 일반화
GPU	Graphics Processing Unit의 약자로 그래픽 처리 장치를 의미

12.4.4 Related works

II. RELATED WORKS

The multilayer perceptron is one of the old fashion technics in the feed-forward artificial neural network (FFANN). However, it still has reasonable performance in analyzing date. In China, for a cracking detection, back propagation neural network, which is based on FFANN, was used to detect cracks in the pavement with sensors in the smartphone [2]. This method does not use visual images in order to detect cracks. However, it proves the application of FFANN into a pavement distortion system.

다층 퍼셉트론은 피드 포워드 인공 신경망(FFANN)의 구식 기술 중 하나이다. 그러나 여전히 데이터 분석에서 합리적인 성능을 발휘한다. 중국에서는 균열 탐지를 위해 FFANN 기반으로 한 역전파 신경망을 사용하여 스마트폰의 센서로 포장 도로의 균열을 탐지한다. 이 방법은 균열을 감지하기 위해 시각적 이미지를 사용하지 않는다. 그러나 포장 왜곡 시스템에 FFANN을 적용한 것으로 입증되었다.

distortion	왜곡

The deep convolutional neural network (DCNN) is a type of FFANN that designed to require minimal preprocessing in analyzing visual imagery. DCNN has return good performance in image classification problems with reducing the computational cost [3].

▶ DCNN(심층 합성)은 시각적 이미지를 분석할 때 최소한의 전처리를 요구하도록 설계된 FFANN 유형이다. DCNN은 계산 비용을 줄여 이미지 분류 문제에서 우수한 성능을 제공한다.

ResNet is one of the DCNN models that have achieved the accuracy of Top-5; 94.1% in classifying images on ImageNet Large Scale Visual Recognition Challenge (ILSVRC) 2012 data [4]. Inception-v4 and Inception-ResNet-v2 are DCNN models developed by Google, which have achieved the accuracy of Top-5; 95.2% and 95.3% in classifying images on ILSVRC 2012 data. MobileNet is a layer reduced version which based on Inception model. It has achieved the accuracy of Top-5; 98.5% in classifying images on ILSVRC 2012 data [5].

▶ ResNet은 2012년 대규모 시각 인식 챌린지(ILSVRC)에서 이미지 분류 시 94.1% Top-5 정확성을 가지는 DCNN 모델 중 하나이다. Inception-v4 및 Inception-ResNet-v2는 ILSVRC 2012에서 95.2%와 95.3%. Top-5 정확도를 가지는 Google에서 개발 한 DCNN 모델이다. MobileNet은 Inception 모델의 계층 축소 버전이다. 이는 ILSVRC 2012 데이터의 이미지 분류에서 89.5%의 Top-5 정확도를 달성했다.

12.4.5 Application of Deep Convolutional Neural network models in a Pothole Detection

III. APPLICATION OF DEEP CONVOLUTION NEURAL NETWORK MODELS IN A POTHOLE DETECTION

While driving a vehicle, the pavement including distortions does not have many distinct features than other nearby objects like vehicles, street signs and pavement markers. Fig. 1 shows the camera on the smartphone is installed. Placing the camera at the front windshield of the vehicle to get detailed textures of the pavement. To reduce the effect of the unwanted objects, we set a Region of interesting (ROI) that only concentrates on in front of the pavement. Then we crop the interesting area where to be focused. Fig. 1 shows how we cut to set the ROI area Cropped frames are preprocessed into two labels; pothole and not-pothole. Consequently, we train evaluate cropped frames with models in DCNN

운전하는 동안 왜곡을 포함하는 포장도로는 차량, 표지판 및 포장 표식와 같은 다른 주변 물체보다 뚜렷한 특징을 갖지 않는다. 그림 1은 스마트폰에 설치된 카메라를 보여준다. 포장 도로의 세부적인 질감을 얻기 위해 차량 전면 유리창에 카메라를 배치한다. 원하지 않는 물체의 영향을 줄이기 위해 포장 도로에만 집중하는 관심 영역(ROI)을 설정했다. 그런 다음 집중해야 할 흥미로운 영역을 자른다. 그림 1은 ROI 영역을 설정하기 위해 잘라낸 부분을 보여준다. 자른 프레임은 포트홀과 포트홀이 아닌 두 개의 레이블로 사전 처리된다. 결과적으로 DCNN의 모델로 자른 프레임을 평가한다.

distinct	뚜렷한, 독특한
windshield	윈드쉴드, 방풍유리, 자동차 앞 유리
crop	자르다, 불필요한 부분을 잘라내다

12.4.6 Experiment Design

IV. EXPERIMENT DESIGN

In the experiment, we tested DCNN models with two types of images; grayscale and color image. Inception_v4, Inception_ResNet_v2, ResNet_v2_152 and MobileNet_v1 are evaluated as DCNN models for the image classification. Also, we used a hardware; Intel i7-4700MQ, Nvidia 770M with the 3GB of GPU memory. We used Tensorflow in order to implement the models. To get more computation performance in training and evaluating, we converted the cropped frames into Tensorflow Records, which stores images on the main memory instead of the GPU memory. We classified cropped frames into pothole and non-pothole. Models are used separated frame sets for training and evaluating. For testing data set, we used a 3186 frame; 3028 images for training, 159 images for evaluating, Each model has trained 5,000 epochs

실험에서 우리는 회색조 및 컬러인 이미지로 두 가지 유형의 DCNN 모델을 테스트했다. Inception_v4, Inception_ResNet_v2, ResNet_v2_152 및 MobileNet_v1은 이미지 분류를 위한 DCNN 모델로 평가한다. 또한 3GB GPU와 Intel i7-4700MQ, NVidia 770M가 장착된 하드웨어를 사용했다. 우리는 모델을 구현하기 위해 Tensorflow를 사용했다. 훈련 및 평가에서 더 많은 계산 성능을 얻기 위해 자른 프레임을 Tensorflow Records로 변환하여 GPU 메모리 대신 주 메모리에 이미지를 저장한다. 자른 프레임을 포트홀과 비포트홀로 분류했다. 모델은 교육 및 평가를 위해 별도의 프레임 세트로 사용된다. 데이터 세트를 테스트하기 위해 3186 프레임을 사용했다. 교육용 3028개 이미지, 평가용 159개 이미지, 각 모델은 5,000개의 에포크로 훈련했다.

V. EXPERIMENT RESULT

The result is shown in Table I that each model get high accuracy when frames were given in grayscale. Meanwhile, color frames a 0.5 ~ 1% less accuracy than grayscale frames. Inception_v4, Inception_ResNet_v2 and ResNet_v2_152 shows same prediction in classifying, however MobileNet_v1 shows less accuracy in color frames.

In contrast, all models show the same accuracy in grayscale frames. We also do a test cross on models in training and evaluating. Most interesting part is the prediction performance of models does not affect by training data. However, it was affected by evaluating data.

▶ 결과는 표 1에 나타나 있으며 프레임이 회색일 때 각 모델의 정확도가 높아진다. 한편, 컬러 프레임은 회색 프레임보다 정확도가 0.5~1% 낮다. Inception_v4, Inception_ResNet_v2 및 ResNet_v2_152는 분류에서 동일한 예측을 보여주지만 MobileNet_v1은 컬러 프레임에서 정확도가 떨어진다. 대조적으로, 모든 모델은 회색 스케일 프레임에서 동일한 정확도를 보여준다. 또한 교육 및 평가 모델에서 테스트 교차를 수행한다. 가장 흥미로운 부분은 모델의 예측 성능이 훈련 데이터에 의해 영향을 받지 않는다는 것이다. 그러나 데이터 평가의 영향을 받았다.

TABLE I
ACCURACY AND RECALL OF DEEP CONVOLUTIONAL NEURAL NETWORK MODELS IN DETECTING POTHOLES

Models	Trained with Color Verified with Color		Trained with Grayscale Verified with Grayscale		Trained with Color Verified with Grayscale		Trained with Color Verified with Grayscale	
	Accuracy	Recall	Accuracy	Recall	Accuracy	Recall	Accuracy	Recall
Inception_v4	97.0%	100%	97.5%	100%	97.5%	100%	97.0%	100%
Inception_ResNet_v2	97.0%	100%	97.5%	100%	97.5%	100%	97.0%	100%
ResNet_v2_152	97.0%	100%	97.5%	100%	97.5%	100%	97.0%	100%
MobileNet_v1 (1.0_224)	96.5%	100%	97.5%	100%	97.5%	100%	96.5%	100%

prediction 예측, 예상, 추정

evaluate 평가하다, 측정하다, 검토하다

12.4.7 Conclusion

VI. CONCLUSION

In this paper we tested a DCNN models; Inception_v4, Inception_ResNet_v2, ResNet_v2_152 and MobileNet_v1 to detect a pothole on the pavement. The results shows models are 96.5 ~ 97.5% in classifying a pothole one the pavement. Consequently, we also show that preprocessing of input frames into grayscale can improve the performance in detecting a pothole on the pavement.

▶ 본 논문은 포장 도로의 포트홀을 탐지하는 Inception_v4, Inception_ResNet_v2, ResNet_v2_152 및 MobileNet_v1 DCNN 모델을 테스트했다. 결과는 포트홀을 분류할 때 모델이 96.5~97.5%임을 보여준다. 결과적으로, 입력 프레임을 회색 스케일로 사전 처리하면 포장 도로의 포트홀을 감지하는 성능을 향상시킬 수 있음을 알 수 있다.

12.5 Reading Recommendations

- Reading academic papers
  링크: https://github.com/jtleek/readingpapers
- Image processing-based pothole detecting system for driving environment
  링크: https://ieeexplore.ieee.org/abstract/document/8326141
- Detecting a pothole using deep convolutional neural network models for an adaptive shock observing in a vehicle driving
  링크: https://ieeexplore.ieee.org/abstract/document/8326142

찾아보기

A

B

C

D

E

F

G

H

I

SOFTWARE **P**RACTICAL **E**NGLISH

저자소개

서동만

2008.09~2009.02 University of Minnesota, Duluth 방문연구원

2010.02 강원대학교 컴퓨터정보통신공학 박사

2010.03~2014.02 한국과학기술연구원 영상미디어연구센터 박사후연구원

2014.03~ 대구가톨릭대학교 IT공학부 교수

e-mail: sarum@cu.ac.kr

소프트웨어 실무 영어

인 쇄	2022년 1월 19일
발 행	2022년 1월 26일
저 자	서동만
발 행 인	성희령
출 판 기 획	안성일, 한혜인, 임민정
영업마케팅	채희만, 한석범, 유효진, 이호준
총 무 회 계	이승희
발 행 처	INFINITYBOOKS
주 소	경기도 고양시 일산동구 하늘마을로 158 대방트리플라온 C동 209호
대 표 전 화	02)302-8441
팩 스	02)6085-0777

도서 문의 및 A/S 지원

홈 페 이 지	www.infinitybooks.co.kr
이 메 일	helloworld@infinitybooks.co.kr
I S B N	979-11-85578-53-8
등 록 번 호	제25100-2013-152호
판 매 정 가	**18,000**원